Ulrich L. Lehner
Mönche und Nonnen im Klosterkerker

topos taschenbücher, Band 1004
Eine Produktion der Verlagsgemeinschaft topos plus

Alphonso Huber –
magistro quondam meo dilectissimo

Ulrich L. Lehner

Mönche und Nonnen im Klosterkerker

Ein verdrängtes Kapitel Kirchengeschichte

topos taschenbücher

Verlagsgemeinschaft topos plus
Butzon & Bercker, Kevelaer
Don Bosco, München
Echter, Würzburg
Lahn-Verlag, Kevelaer
Matthias Grünewald Verlag, Ostfildern
Paulusverlag, Freiburg (Schweiz)
Verlag Friedrich Pustet, Regensburg
Tyrolia, Innsbruck

**Eine Initiative der
Verlagsgruppe engagement**

www.topos-taschenbuecher.de

Bibliografische Information der Deutschen Nationalbibliothek
Die Deutsche Nationalbibliothek verzeichnet diese Publikation in der
Deutschen Nationalbibliografie; detaillierte bibliografische Daten
sind im Internet über http://dnb.d-nb.de abrufbar.

ISBN 978-3-8367-1004-6
E-Book (PDF): ISBN 978-3-8367-5014-1
E-Pub: ISBN 978-3-8367-6014-0

2015 Verlagsgemeinschaft topos plus, Kevelaer
Das © und die inhaltliche Verantwortung liegen bei der
Verlagsgemeinschaft topos plus, Kevelaer.
Erweiterte Lizenzausgabe
Aus dem amerikanischen Englisch
Umschlagabbildung: © Fotolia
Einband- und Reihengestaltung: Finken & Bumiller, Stuttgart
Satz: SATZstudio Josef Pieper, Bedburg-Hau
Herstellung: Friedrich Pustet, Regensburg
Printed in Germany

Inhalt

Vorwort 7

I. Einführung: Mythen, Missverständnisse und
Legenden 11

II. Der Klosterkerker als Verwahrungsort für
Geisteskranke 19

III. Das Leben im Klosterkerker 30

IV. Orden mit und ohne Gefängnisstrafen 49

V. Der „Kriminalprozess" der Franziskaner 61

Die Folter im Dienst der Beweisführung 75
Die Befragung des Angeklagten 82
Die Verteidigung des Angeklagten 84
Urteil, Strafen und Berufungsmöglichkeit 90

VI. Physische Gewalt in Frauenklöstern 98

VII. Sexuelle Delikte und Kindesmissbrauch 108

VIII. Flucht aus dem Kloster 120

IX. Ausblick 129

Anmerkungen 133

Bibliografie 155

Vorwort

So this is the castle of your ideas
now show me the dungeon.
Robert Gray[1]

Dieses Buch war nie wirklich geplant. Die Tatsache, dass es dennoch geschrieben wurde, verdankt sich bestimmten Umständen, die ich hier darlegen will, um den Eindruck zu vermeiden, dass Sensationshascherei bei der Abfassung des Buches eine Rolle gespielt habe. Als ich im Jahr 2008 meine Forschungen für ein neues Buch über die Geschichte des Benediktinerordens in der Aufklärungszeit aufnahm[2], stolperte ich in den Werken vormaliger Mönche immer wieder über die Erwähnung von Klosterkerkern. Insbesondere aufgeklärte Mönche verurteilten diese als Bastionen der Unmenschlichkeit und der Intoleranz. In polemischen Schriften fand ich zudem zahlreiche Beschreibungen klösterlicher Folter oder körperlicher Bestrafung im Kerker. Dies war eine völlig neue Erkenntnis für mich. Konsequenterweise schickte ich mich an, mehr über Klosterkerker herauszufinden, musste aber feststellen, dass die verfügbare Literatur entweder apologetisch oder antiklerikal war, mit der Ausnahme einiger Darstellungen mittelalterlicher Gefängnispraktiken. Die Abwesenheit einer ausgewogenen historischen Darstellung klösterlicher Gefängnisse in der Neuzeit, also von etwa 1600 bis 1800, bewog mich nun, selbst in Archiven und Bibliotheken gezielt nach Belegen für klösterliches Kriminalrecht und Kerkerbestrafung zu suchen, mit der Absicht, einen Artikel darüber zu publizieren. Als ich jedoch die Literatur der verschiedenen Orden untersuchte, wurde mir klar, dass sich das Forschungsprojekt zu einem kleinen Buch ausgewachsen hatte. Es ist natürlich keine erschöpfende Geschichte von Verbrechen und Bestrafung in frühneuzeitlichen Klöstern, sondern eine Einführung in einen Themenkomplex, den Historiker wie Theologen bisher völlig links liegen gelassen haben. Dieses Büchlein ist ein Wegbegleiter in neue Forschungsfelder, die sich durch die Beschäftigung mit klösterlicher Strafkultur auftun: die Geschichte des Kriminalrechts, das Verhältnis von Staat und Kirche, Gewalt im Kloster, Entwicklung klösterlicher Mentalitäten, Sexual-und Gendergeschichte, usf.

Die Rekonstruktion einer Kultur von Verbrechen und Strafe, von Folter und anderen unmenschlichen Vorgehensweisen, war eine persönliche Herausforderung und keine angenehme Erfahrung. Trotzdem: Als Historiker bin ich davon überzeugt, dass eine solche Rekonstruktion notwendig ist für ein besseres Verstehen des frühneuzeitlichen Katholizismus und damit auch der Kultur der frühen Neuzeit. Als Theologe glaube ich ferner, dass nur die Wahrheit frei macht (Johannes 8,32). Obwohl die folgenden Kapitel für Katholiken vielleicht etwas beschämend sind, dürfen zwei Dinge nicht außer Acht gelassen werden: Die Bestrafungspraxis der Orden und ihr Umgang mit Verbrechen waren im Großen und Ganzen nicht schlechter als die Praxis der Staaten und regierenden Herrscherhäuser. Daher wäre es völlig unberechtigt, katholische Orden an den Pranger zu stellen. Ferner dürfen die neuen Erkenntnisse über Klosterkerker nicht den Blick verstellen für die überragenden Errungenschaften katholischer Ordensgemeinschaften in der Zeit nach dem Konzil von Trient (1545–1563). Die Bestrafung von Mönchen und Nonnen war eine seltene Erscheinung und sollte nicht derart überbetont werden, als ob jedes Kloster einen sadistischen Folterknecht besessen hätte. Das Engagement der Orden für die Armen, die Einsamen und an den Rand der Gesellschaft Gedrängten sowie ihre Bemühungen um ein heiligmäßiges Leben und die Reform der Kirche verdienen weitaus mehr Beachtung als das Klosterstrafrecht.[3]

Meine Kollegen an der theologischen Fakultät unterstützten meine Suche nach der historischen Wahrheit auch in Phasen, in denen ich, angeekelt von so manchen Details, das ganze Projekt aufgeben wollte. Mein besonderer Dank gilt Prof. Dr. Ralph del Colle (†), Prof. Dr. D. Stephen Long, Prof. Dr. Daniel C. Maguire und Prof. Dr. Mickey Mattox. Daneben haben mich stets Prof. Dr. Chad Pecknold, School of Theology and Religious Studies of the Catholic University of America, Prof. Dr. Julius Ruff, Marquette University, und Prof. Dr. Daniel-Odon Hurel, Université Jean Monnet/Saint-Étienne, unterstützt und mich zu neuen Fragestellungen angehalten. Meiner Universität schulde ich Dank für die Bereitstellung wertvoller Ressourcen und ausreichend Zeit für die Forschung – beides Dinge, die im akademischen Umfeld rarer werden. Zu Dank bin ich auch dem Allgemeinen Verwaltungsarchiv Wien und dem Bistumsarchiv Trier verpflichtet. Das Zentralarchiv der deutschen Franziskaner unter der großartigen Leitung von Fr. Hans-Ulrich und das Zentralarchiv der Bayerischen Kapuziner unter der Leitung von Dr. Carolin Weichselgartner waren offen für meine Fragen und gewährten mir Zugang zu allen Archivalien. Die Franziskaner von Paderborn gewährten mir außerdem außerordentliche Gastfreundschaft, für die an dieser Stelle gleichfalls gedankt sei.

Zwei Orden werden nach der Lektüre besonders mit Klosterkerkern in Verbindung gebracht werden, nämlich die Kapuziner und die Franziskaner. Ich möchte festhalten, dass ich beide Orden zutiefst verehre und nur der Quellenlage gefolgt bin.

Besonders die Franziskaner entwickelten ein ausgeklügeltes Strafrecht, das so in anderen Orden nicht existierte. Zwei meiner verstorbenen Onkel waren zudem Kapuziner, und obwohl ich glaube, dass sie die Lektüre dieses Büchleins nicht genossen hätten, so meine ich doch, dass sie für die historische Aufarbeitung Verständnis aufgebracht hätten.

Dieses Buch ist zuvorderst meinem Gymnasiallehrer im Fach Geschichte gewidmet, Alphons Huber. Er war stets ein Vorbild an akademischer Präzision und Kreativität, aber auch ein Mentor, der mich schon als Zwölfjährigen für die Paläografie und Archivstudien interessierte. Ich möchte aber noch eine zweite Widmung anschließen, nämlich an meine Verwandten und Freunde in Ordensgemeinschaften, die mich stets an die Tiefe und Schönheit einer Ordensberufung erinnern.

Milwaukee, 25 August 2014
Ulrich L. Lehner

I. Einführung: Mythen, Missverständnisse und Legenden

Wo immer Menschen nach Heiligkeit streben, fallen sie auch in Sünde, denn der Weg zur Vollkommenheit ist lang und schwierig, und nicht jeder bewährt sich auf ihm. Es sollte uns daher nicht überraschen, sündhaftes Verhalten auch in Klöstern anzutreffen. Ein Kloster ist, wie der hl. Benedikt bemerkte, stets eine „Schule des Herrn", und als solche ein nie abgeschlossener Prozess der Angleichung des eigenen Ich an den Herrn. Die Frage ist allerdings, warum Historiker daran interessiert sein sollten, wie Klöster mit schweren Sünden oder Vergehen umgingen.

Es gibt eine Reihe legitimer Antworten auf eine solche Frage. Zu allererst demonstrieren klösterliche Regeln über Kriminalprozesse und Bestrafung die verschlungene Geschichte der Entwicklung des modernen Strafrechts im Kontext des Kirchenrechts. Heutzutage sehen wir es als Selbstverständlichkeit an, dass ein Angeklagter das Recht auf einen Verteidiger hat, ohne zu bedenken, dass diese Praxis ihren Ursprung in den Inquisitionsprozessen des Kirchenrechts hatte und erst auf Umwegen ins moderne Recht übersetzt wurde.[4] Andererseits beleuchtet die Geschichte der Klosterkerker auch einen völlig unbekannten Aspekt der Kirchengeschichte, nämlich die Folter von Ordensangehörigen, und zeigt neue Wege auf, Gewalt unter Personen zu untersuchen, die sich als Familienangehörige verstanden. Zweitens demonstriert eine Geschichte von Verbrechen und Bestrafung im Kloster das Bestreben kirchlicher Autoritäten, öffentliche Skandale unter allen Umständen zu vertuschen, auch wenn dies bedeutete, staatliche Autoritäten in die Irre zu führen oder gar staatliches Recht zu brechen. Diese aus dem Mittelalter stammende Tendenz, Skandale – und damit auch jede Transparenz – um jeden Preis zu verhindern, existierte auch in der Frühneuzeit weiter und wurde allem Anschein nach erst im 21. Jahrhundert aufgegeben. Drittens sind Klöster und Orden ein wesentlicher Bestandteil europäischer wie transatlantischer katholischer Kultur. Daher führt die Erforschung der klösterlichen Rechtskultur und -pflege auch zu einem besseren Verständnis für den Katholizismus nach dem Konzil von Trient (1545–1563). Insbesondere eröffnet sie die Möglichkeit, genauer zu analysieren, wie Orden den „heiligen Raum" ihres Klosters verstanden, von dem sie straffällig gewordene Mitglieder ausschlossen. Das Augenmerk auf Vergehen und Verbrechen in den Orden zu richten hilft dem Historiker auch, ein lebensnahes Bild der Klosterkultur zu erhalten. Ein Einblick in die dunkle Seite der Klosterwelt erinnert an die alltäglichen Probleme, die im Kontext der evangelischen Räte von Keuschheit, Armut und Gehorsam entstehen, und ermöglicht eine überzeugendere, realitätsnahe Analyse frühneuzeitlichen Klosterlebens.[5] Viertens: Besonders im achtzehnten Jahrhundert wurde die juristische Souveränität der Klöster durch staatliche Autoritäten hinterfragt oder sogar rundweg bestritten. Klösterliche Kriminalprozesse und Klosterkerker sind daher ein Brennpunkt in der Auseinandersetzung zwischen Staat und Kirche, und neues Wissen über sie bereichert konsequenterweise auch unser Bild von Staat und Kirche im „Langen Achtzehnten Jahrhundert". Fünftens: Klösterliches Kriminalrecht ermöglicht es Historikern, eine vergessene Gender-Perspektive genauer unter die Lupe zu nehmen: Gab es Unterschiede zwischen weiblichen und männlichen Orden im Hinblick auf Vergehen und ihre Bestrafung? Gab es körperliche Strafen auch in Frauenklöstern? Zu guter Letzt ist eine Geschichte der Klosterkerker und des Klosterstrafrechts notwendig, um die vielen Legenden und Gerüchte, die vor allem antiklerikaler und antikatholischer Literatur entstammen, zu korrigieren.

Es bleibt die Frage, warum Klosterkerker selbst unter Fachhistorikern so gut wie unbekannt sind. Trotz der Tatsache, dass selbst der berühmte Karmelitenheilige und Kirchenlehrer Johannes vom Kreuz (1542–1591) einmal ein ganzes Jahr im klostereigenen Kerker schmachtete (1577/78)[6], ist der *carcer* oder das *ergastulum* als Verwahrungsort für Mönche und Nonnen[7] aus dem Bewusstsein verschwunden. Selbst Standardwerke zur Geschichte des Katholizismus erwähnen Klosterkerker nur nebenbei und vermeiden die Frage, wie Klöster (und Bistümer) mit Priestern und Ordensleuten umgingen, die wegen ihrer Vergehen gegen Ordensregeln, Kirchenrecht oder biblische Normen als „geächtet" oder als „Kriminelle" angesehen wurden. Dies ist umso erstaunlicher, da schwere Vergehen einen Kriminalprozess erforderten, der je nach Ordensgemeinschaft genau geregelt war.[8]

Es ist das Ziel dieses Buches zu demonstrieren, dass Klosterkerker und klösterliche Kriminalprozesse einen komplexen Teil des Klosterlebens ausmachten und dessen Dynamik zwischen Reformation und Aufklärung beeinflussten, sowie den Leser zu neuen Forschungsfeldern hinzuführen, welche diese Erkenntnisse eröffnen. Der Fokus dieser Studie liegt auf Zentraleuropa, besonders auf den deutschsprachigen Gebieten des Heiligen Römischen Reiches Deutscher Nation, obwohl auch Vergleiche zu anderen europäischen Kulturgebieten gezogen werden. Die Geschichte dieser Gefängnisse erlaubt uns eine neue, erfrischende Perspektive darauf, wie Orden ihren „heiligen Raum" vom Profanen abgrenzten. Wenn Mönche oder Nonnen inhaftiert wurden, betrachteten sie die Autoritäten des Ordens nicht mehr als Teil des „heiligen Raumes" der Klausur und daher nicht mehr als Mitglieder ihrer Kommunität. Während kleinere Vergehen nicht die Verbindung zur Kommunität zerstörten, wurde ein Fluchtversuch aus dem Kloster als schweres Vergehen angesehen, das im Wiederholungsfalle zu ewiger Einkerkerung führen konnte. Ordensleute, welche zu lebenslanger Haft verurteilt waren, wurden von Prioren, wie zumindest ein Fall belegt, ermahnt, ihr Schicksal als irdisches Fegefeuer und daher als letzte Chance auf ihre Erlösung im Jenseits anzunehmen. Die Geschichte der Klosterkerker zeigt zudem, dass es kaum einen Unterschied gab zwischen der Bestrafung einer Sünde, einem Verbrechen, und der Übertretung kircheninterner Gesetze. Eine solche Unterscheidung war anscheinend weniger wichtig als der Schutz einer makellosen, heiligen Klausur. Anders als mittelalterliche Stadtgefängnisse war der Klosterkerker unzugänglich für Nicht-Ordensmitglieder.

Auf der Grundlage archivalischer und gedruckter Quellen werde ich versuchen aufzuzeigen, wie man sich das Leben in einer klösterlichen Kerkerzelle vorzustellen hat, welchen körperlichen Züchtigungen man unter Umständen unterworfen war, aber auch wie man zu allererst überhaupt zu Kerkerhaft verurteilt werden konnte.

Klostergefängnisse waren keine freistehenden und vom Rest der Klausur abgeschnittenen Gebäude, sondern meistens Kellerzellen oder speziell ausgewiesene und verschließbare Räume auf höheren Etagen. Nicht einmal die bahnbrechende Arbeit Michel Foucaults (1926–1984), *Überwachen und Strafen* (1975), die behauptet, dass Gefängnisse als Justizvollzugsinstitutionen erst um 1800 aufkamen, und feststellt, dass frühneuzeitliche Inkarzerierung nur für Bettler, Vaganten und Schuldner vorgesehen war, erwähnt die klösterliche Einrichtung. Auch Pieter Spierenburgs Studie, *The Prison Experience* (1991), welche einige von Foucaults zentralen Thesen relativierte[9], kennt keine Klosterkerker, obwohl sein Argument, säkulare Gefängnisse seien in den Niederlanden und Deutschland bereits im siebzehnten Jahrhundert nachweisbar, durch die Klöster eine nachhaltige Bestätigung erfahren hätte.[10]

Es gibt also zahlreiche Hinweise auf Klostergefängnisse in Archivalien und gedruckten Quellen. Warum wurden sie von Historikern konsequent ignoriert?[11] Ein Grund ist wohl darin zu suchen, dass Historiker zu vorsichtig waren und den Gerüchten der anti-klösterlichen Literatur der Aufklärung[12] über dunkle Verliese in Klöstern, mönchische Tyrannei und religiösen Fanatismus nicht einen Deut historische Wahrheit beimaßen. Bei genauerer Untersuchung hätte aber ein durchaus wahrer Kern dieser Erzählungen eruiert werden können. Ein Beispiel ist die Denunziation des Frauenklosters von Reutberg im Jahr 1769 bei der kurbayerischen Regierung: Besorgte Bürger meinten in der Hysterie der Klosterkerkeraufhebungsgesetze, eine arme Nonne schmachte dort in einem unmenschlichen Verlies seit Jahrzehnten vor sich hin. Eine Untersuchung ergab, dass keine einzige Nonne eingekerkert war, dass aber etwa 17 Jahre zuvor eine geistig verwirrte Nonne in der Tat „an die Kette gelegt" worden und bald darauf verstorben war.[13]

Ein anderer Grund liegt sicher darin, dass die frühneuzeitliche Kirchen- und Klostergeschichte bis vor einigen Jahrzehnten fast ausschließlich von Kirchenhistorikern behandelt wurde, welche entweder die Existenz von kirchlichen Gefängnissen verschwiegen, kleinredeten oder apologetisch uminterpretierten.[14] Die Vorstellung, dass ein Mönch einen anderen folterte, war gerade für Ordenshistoriker ein unerträglicher Gedanke und wurde ebenso wie der des Kerkers aus dem Bewusstsein des Ordens getilgt. Die Protokolle der Kapitelkonferenzen der Bayerischen Franziskaner bezeugen eine solche *damnatio memoriae*: Die Namen aller zu Kerkerstrafen verurteilten Mönche wurden nachträglich geschwärzt[15]; Selbstmörder wurden in der Chronik der Bayerischen Kapuziner ohne Namen angeführt („ein Bruder aus dem Kloster zu X hat sich das Leben genommen"), aber zum Großteil sogar kirchlich bestattet.[16] Außerdem haben manche Historiker den Klosterkerker ins Reich der Fabel verbannt, weil archivalische Beweise fast nirgends zu finden waren. Diese existieren, allerdings muss man sich manchmal durch Hunderte von Seiten von Visitationsprotokollen oder Sitzungsprotokollen wühlen, um eine oder zwei Zeilen Informationen zu finden. Manchmal ist Material über Klostergefängnisse auch in den Annalen der Ordensgemeinschaften verborgen, oder aber in ansonsten unverdächtigen Dokumenten über „Klosterdisziplin".[17] Auch hätte man durchaus einfach Informationen über klösterliches Strafrecht in den Konstitutionen der Orden finden können, welche aber zumeist nur von Kirchenhistorikern gelesen wurden. Eine weitere Quelle bilden die autobiografischen Schriften ehemaliger Mönche; Akten von Kriminalfällen selbst aber sind wirklich außerordentlich selten. Allerdings sollte uns dies nicht verwundern.[18]

Dass Akten über Kriminalprozesse im Kloster kaum vorhanden sind, sollte nicht als Argument gegen die Existenz solcher Verfahren oder gegen die Existenz von Kerkern gewertet werden. Der Grund für die Seltenheit solcher Unterlagen liegt vielmehr in der „Diskretion" der Orden.[19] Straffällig gewordene Mönche oder Nonnen waren ein Skandal, und es war die Pflicht jeder Ordensgemeinschaft, ihren guten Ruf zu wahren (*fama ordinis*) und jegliche öffentliche Aufmerksamkeit im Hinblick auf solche Untaten zu vermeiden.[20] Daher wurden sensible Dokumente zerstört, sodass sie nie in die falschen Hände geraten konnten. Die Kartäuser-Statuten von 1582, zum Beispiel, schreiben die Vernichtung der Visitationsprotokolle alle zwei Jahre vor, um sicherzugehen, dass kein Außenstehender je über Disziplinprobleme in ihrem Orden Bescheid bekäme.[21] In ihren Statuten von 1782 drohten die österreichischen Piaristen demjenigen, der Geheimnisse ihres Ordens preisgab (*extraneis sive secularibus*) und einen Skandal verursachte (*infamia*), eine sechsmonatige Kerkerstrafe an.[22] Die Franziskaner hatten eine ähnliche Regel, welche Verschwiegenheit garantierte.[23] Die Hieronymiten in Spanien gingen noch einen Schritt weiter und verwahrten alle Kriminalprozessakten im Zentralarchiv der Provinz – wohl mit dem Hintergedanken, dass diese im Fall des Falles einfacher zu vernichten waren, als wenn sie auf mehrere Klöster verteilt gewesen wären.[24]

Diese Verschwiegenheit der Orden erlaubte sogar die gezielte Vertuschung und Irreführung staatlicher Autoritäten. Als der Kaiser des Hl. Römischen Reiches, Joseph II. (1780–1790), im Jahr 1783 eine offizielle Kommission in die erbländischen Kapuzinerklöster entsandte, um den Gerüchten und Anklagen über unterirdische Verliese und Folterpraktiken nachzugehen, logen die Kapuziner den kaiserlichen Kommissaren ins Gesicht und machten ihnen glaubhaft, dass Kriminalstrafakten in ihrem Orden nie geführt worden wären.[25] Der Abt des berühmten Stiftes Klosterneuburg bei Wien behauptete sogar gegen besseres Wissen, dass sein Stift keinen Kerker besäße[26], und die Dominikanerinnen-Priorin von Kirchberg gab sich „überrascht", als die Kommissare einen leeren Kerkerraum fanden, obwohl sie zuvor angegeben hatte, ihr Kloster habe keinen Kerker.[27] Orden informierten staatliche Behörden nicht nur falsch, sondern gaben auch Unkenntnis über neue Gesetze vor, welche die Klostergefängnisse abgeschafft hatten. Es war billiger, einen geistig verwirrten Ordensmann in eine Kerkerzelle zu stecken, als für seine Unterbringung bei den Barmherzigen Brüdern Kost und Logie zu bezahlen; wenn der Insasse ein skandalträchtiger Mönch war, dann wollte man ihn umso mehr von der Öffentlichkeit fernhalten, auch wenn dies nun illegal war. Erzherzogin Maria Theresia (1740–1780) schaffte in den Habsburgischen Erblanden 1771 die Klosterkerker ab, aber 1783 schien dies der Prior der Kapuziner in Braunau noch nicht zu wissen. Dies gab er zumindest zu Protokoll. Sicherlich war Braunau erst seit 1779 österreichisch, aber selbst in Bayern, wozu Braunau zuvor gehört hatte, waren die Kerker seit 1769 abgeschafft worden. Allerdings fanden die österreichischen Kommissare in der Klosterbibliothek ein Exemplar des Klosterkerkeraufhebungsgesetzes, das eindeutig die Lüge des Priors entlarvte.[28] Im galizischen Augustinerkloster von Zalozce ignorierte der Prior das neue Gesetz ebenso und inkarzerierte bis 1781 Mönche. Er ließ sie zudem auf eine Folterbank spannen und traktierte sie zum Teil mit dreihundert Stockhieben täglich.[29] Auch die Bischöfe sahen die staatliche Gesetzgebung, welche die kirchliche Strafgerichtsbarkeit aufhob, als einen Frontalangriff auf ihre Machtstellung an. Es kann daher nicht verwundern, dass der Erzbischof von Wien, Kardinal Migazzi (1714–1803), inoffiziell angeklagt wurde, die Existenz von Klosterkerkern nach dem Aufhebungsgesetz vertuscht zu haben.[30] Nur die schwere Bestrafung von Ordensoberen durch den Staat und die Androhung, Klöster zu schließen oder Orden aufzuheben, führten zum Ende der Klostergefängnisse in der Habsburgermonarchie.

II. Der Klosterkerker als Verwahrungsort für Geisteskranke

Ein Klostergefängnis hatte drei Aufgaben: Es war eine Besserungsanstalt für diejenigen Ordensleute, welche wieder in die Kommunität eingegliedert werden konnten, ein Kerker für die unkorrigierbaren Ordensleute und schließlich auch ein Verwahrungsort für Geisteskranke.[31]

Obwohl aus der Literatur allgemein bekannt ist, dass Klöster geisteskranke oder mental instabile Mitglieder inkarzerierten, haben Kirchenhistoriker vergangener Generationen oft versucht darzulegen, das Schicksal der so inhaftierten Mönche oder Nonnen sei nicht schlimmer, ja sogar wahrscheinlich besser gewesen als in der säkularen Welt. Für die extremsten Fälle von Geisteskrankheit trifft dies in der Tat wahrscheinlich zu, allerdings nicht für die milden Formen. Eine leicht geistig gestörte Person konnte immerhin in Freiheit leben, obwohl sie oder er als „schrullig" verschrien war, während ein Kloster auch auf die leichten Fälle geistiger Verwirrung mit Wegsperrung in den Kerker reagierte. Ein solch schwerwiegender Freiheitsentzug, der bis weit ins achtzehnte Jahrhundert gang und gäbe war, wurde durch die damals angeordnete medizinische Fachbehandlung noch erschwert: Als Therapiemaßnahmen wurden nämlich durchweg körperliche Züchtigungen verschrieben, welche die gesunden Mönche oder Nonnen zu verabreichen hatten. Dies hatte oft zur Folge, dass sadistisch veranlagte Personen, wie etwa der zuvor erwähnte Augustinerprior, ihre Gewaltfantasien ungezügelt auf dem Rücken der Kranken ausleben konnten, ohne sich je der Gefahr der Strafverfolgung auszusetzen.[32]

Der österreichische Kapuzinerbruder Nemesian Peikl (gest. 1784) war 1728 in den Kerker gesperrt und erst 1783 in eine psychiatrische Klinik der Barmherzigen Brüder überwiesen worden, und zwar auf Druck der staatlichen Behörden, welche ihn aus seinem Verlies befreit hatten. Nemesian war nicht einmal ein besonders schwerer Fall von Geisteskrankheit. Er war weder gewalttätig noch laut, er hielt sich rein und war fromm. Einige Quellen beschreiben ihn als geistig völlig normal.[33] Allerdings konnte sein Verhalten den Orden brüskieren: „Er kniet vor anderen nieder, geht im Garten spazieren und hilft anderen, das Wasser zu tragen."[34] Hier ist eine Erklärung angebracht. Während man durchaus meinen könnte, dass das Niederknien vor anderen, um ihren Segen zu empfangen, eine Geste gewesen sei, die mit der franziskanischen Demut in Eintracht schien, war genau das Gegenteil der Fall. Gemäß den Ordensstatuten war das Niederknien vor anderen eine schwerwiegende Straftat, welche immer (!) eine Gefängnisstrafe forderte. Den staatlichen Kommissaren aber, die den Fall untersuchten, wurde diese Tatsache geflissentlich verschwiegen. Die Kapuziner wussten, dass die staatlichen Behörden ihre Ordensstatuten nicht kannten, und beuteten diese Unwissenheit geschickt aus. Man gab zu, dass Nemesian vor anderen niederkniete, aber beharrte darauf, dass er deswegen natürlich nie zu ewiger Einzelhaft verurteilt worden war.

Es ist für den Historiker schwer auszumachen, ob ein Mönch einfach nur charakterlich schwierig war oder tiefergehende psychische Störungen aufwies, die sich in auffälligem Verhalten niederschlugen. Ende des 18. Jahrhunderts etwa beklagte sich das Münchener Augustinerkloster über einen Frater, der „völlig von Sinnen" gewesen sei. Als man ihn in eine reguläre Zelle sperren wollte, drohte er, sich aus dem Fenster zu stürzen, sodass man ihn im Kerker unterbrachte und einen Arzt zu Rate zog.[35] Ein anderer Fall ist aus Herrenchiemsee überliefert, wo von 1771 bis 1784 und dann wieder ab 1786 ein Frater Benedict eingekerkert war. Er gab an, zur Profess gezwungen worden zu sein, aber sein Gesuch um Entlassung wurde abgewiesen. Er wurde extrem bösartig und gewalttätig, sodass man sich genötigt sah, ihn einzusperren. Allerdings scheint er es im Arrest nicht schlecht gehabt zu haben: Der Propst gab an, dass er zu jedem Mittagessen eine Kanne Wein oder drei Quart Bier bekam, sowie mittags und abends ein Drei- oder Vier-Gänge-Menü. Er scheint aber auch eine exzessive Liebe zu Tieren empfunden zu haben: „Er hatte seine Ergötzung mit Vögeln, Hunden und Katzen, die er vor seinem Fenster und unten an dem Fuße des Gebäudes mit dem Überfluss seiner Speisen nährte."[36] In Reichenhall hatte der Propst in Ivo Elixhauser einen derart „lasterhaften und bösartigen" Menschen, dass er ständig um Gefahr für Leib, Leben und Güter des Stifts fürchten musste. Elixhauser war nicht nur gewalttätig, sondern wilderte auch im Jagdrevier, sodass die Klage, man befürchte, dass er eines Tages einen Mitbruder im Zorn erschießen könnte, durchaus zu Recht bestanden habe. Nachdem alle Ermahnungen erfolglos geblieben waren und auch der Arrest keine bessernde Wirkung gezeigt hatte, wurde der Salzburger Erzbischof 1772 gebeten, den renitenten Chorherren in seinem diözesanen Kerker einzusperren. Unter Begleitung von bewaffneten Soldaten wurde er in einem verschlossenen Wagen über die salzburgische Grenze gebracht, wo ihn Bediente des Erzbischofs in Gewahrsam nahmen.[37]

Offiziell fand die Einkerkerung von unliebsamen Mönchen und Nonnen in den österreichischen Landen 1771 ihr Ende, doch wurde, wie oben angemerkt, anscheinend oftmals der

Vorwand der Geisteskrankheit benutzt, um dasselbe Resultat, nämlich die Einsperrung, zu erreichen. Daher gab die österreichische Regierung 1783 einen Erlass heraus, der nun vorschrieb, dass alle Geisteskranken dem Kreisamt gemeldet werden sollten. Man erwähnte ausdrücklich, dass Insassen nicht wegen ihres Geisteszustands, sondern „unter dem Vorwand der Geisteskrankheit ... aus bloßem Verfolgungs-Geiste" eingesperrt worden waren. Dies schloss die Klöster ein. Ursprünglich war vorgesehen, dass alle kranken Mönche den Anstalten der Barmherzigen Brüder, welcher der einzige Orden war, der sich auf die Pflege dieser Kranken spezialisiert hatte, zu überlassen seien. Jedoch waren die freien Plätze bald vergeben und die Brüder hoffnungslos überlastet. Daher erlaubte ein neues kaiserliches Hofdekret vom Juni 1783 den Klöstern, ihre Geisteskranken zu behalten, ermahnte sie aber, diese mit „aller Menschenliebe" zu behandeln.[38]

Es sind Episoden wie jene aus dem Kapuzinerorden, welche selbst dem hartgesottenen Kirchenhistoriker einen Schauer über den Rücken jagen: Mit eiskaltem Kalkül wurden Mitbrüder und Mitschwestern einer Kommunität gewalttätig bestraft, auch wenn es gegen staatliches Recht verstieß; der Ruf des Ordens war sogar wichtiger als das göttliche Verbot der Lüge.[39] Ein anderes Beispiel ist der Kapuzinerbruder Fr. Thuribius. In Poysdorf bei Wien war er im Kerker eingesperrt, da er völlig ruhelos war, laut schrie und sich und seine Zelle nicht reinlich hielt. Der Gefängnisraum war unbeheizt, was bei ihm und anderen Inhaftierten zu Frostbeulen führte. Ferner wurde er von seinen eigenen Mitbrüdern nach deren Gutdünken gezüchtigt. Wann immer der Prior in Rage geriet, wurde der arme Thuribius in die Bibliothek gezerrt und dort mit Ochsenziemern ausgepeitscht, bis er sich nicht mehr bewegen konnte.[40] Der verantwortliche Prior wurde von Kaiser Joseph II. wegen unmenschlichen Verhaltens und Verstoßes gegen das Klosterkerkeraufhebungsgesetz seines Amtes enthoben. Allerdings zeigte er sich wenig einsichtig; er verteidigte seine sadistischen Ausfälle mit dem Hinweis, dass Thuribius entweder geisteskrank sei und folglich die Auspeitschungen eine anerkannte medizinische Therapie seien, oder dass er eine moralisch verkommene Person sei, die ebenfalls eine Bestrafung verdiene.

Die Behandlung von geisteskranken Mönchen und Nonnen scheint auf den ersten Blick bei den Barmherzigen Brüdern oder anderen Krankenpflegeorden, die auf derartige Fälle spezialisiert waren, besser gewesen zu sein. Allerdings haben sich Historiker noch relativ wenig mit der Behandlung von geisteskranken Laien in solchen Einrichtungen auseinandergesetzt. Manchmal scheinen Kirchenhistoriker, vor allem solche, welche apologetisch arbeiten, nahezulegen, dass die Orden ihre Patienten besser behandelten als andere Institutionen. Der Beweis für diese These scheint mir aber noch nicht erbracht. Vielmehr gibt es Quellen, die das genaue Gegenteil zu belegen scheinen. Ein Brief über die Behandlung der Kranken im Alexianerkloster von Neuss bei Köln von 1781 etwa berichtet, dass die Patienten und Kerkerinsassen nicht einmal die nötigste Kleidung am Leibe trugen, ihnen aber auch Essen in angemessener Qualität und Quantität vorenthalten wurde, dass sie gewalttätige Misshandlungen durch die Klosterbrüder erlitten und keinerlei Möglichkeit zu körperlicher Bewegung hätten. Sie schmachteten auf durchnässten Strohsäcken, in verdreckte Fetzen gekleidet, zumeist angekettet vor sich hin.[41]

Der Gebrauch von Klosterzellen als Crafträume geht bis ins späte Mittelalter zurück. Während im Altertum und im frühen Mittelalter Mönche und Nonnen für Apostasie (Abfall vom

Glauben), versuchte Eheschließung, Häresie oder Schisma, Blasphemie, Gewalt gegen einen Kleriker, Diebstahl, Abtreibung, Teilnahme an einem Duell, Mord, Entführung Minderjähriger, sexuelle Kontakte zu unter 16-Jährigen, Homosexualität, Unzucht mit Tieren etc. aus dem Kloster ausgeschlossen wurden, wurden derartige Ausweisungen nach dem 13. Jahrhundert und neuen päpstlichen Gesetzeserlassen seltener. Da der Orden selbst nach der Entlassung eines Mitglieds für dessen Seelenheil verantwortlich war, musste man ausgewiesenen Ordensmitgliedern einmal im Jahr nachforschen; waren sie aber außerhalb der Kommunität, konnte man ihnen nicht mehr beikommen und sie etwa von ihrem sündhaften Lebensstil abbringen. Es setzte sich daher die Einsicht durch, dass es besser wäre, die Täter im Kloster einzusperren, wo man sie unter Kontrolle hatte. Dort konnte man wenigstens sichergehen, dass sie keine weiteren Schandtaten begingen, und ihnen die Beichte anbieten. Vor allem aber war man sicher, dass sie nicht durch unmoralisches Betragen außerhalb des Klosters den Ruf des Ordens schädigten. Entlassungen wurden daher immer seltener, und um 1500 scheinen sie in zentral organisierten Orden nur mehr dem General des Ordens in Rom erlaubt gewesen zu sein.[42] Die „ewige" Einkerkerung in einem Klosterverlies wurde nun zur Standardstrafe für alle Vergehen, welche das weltliche Strafrecht üblicherweise mit der Todesstrafe ahndete.[43] Daher ist es richtig zu sagen, dass der ewige Klosterkerker der Todesstrafe entsprach. Man darf aber nicht vergessen, dass zusätzlich zur Einkerkerung noch körperliche Züchtigungsstrafen kamen, ebenso wie im weltlichen Gefängnis. Solche Züchtigungen waren wie diejenigen für Geisteskranke oft mit großen Schmerzen verbunden.[44] Papst Pius IV. (1559–1565) bestätigte den Nutzen von Klosterkerkern, und einige wenige Orden erhielten das Privileg, unkorrigierbare oder kriminelle Mitglieder auszuschließen und nicht einsperren zu müssen; der prominenteste Orden unter diesen war die Gesellschaft Jesu (Jesuiten).[45] Weniger schlimme Vergehen wurden mit einer zeitlichen Kerkerstrafe geahndet; allerdings hatte jeder Orden seine eigene Rechtstradition. Manchmal finden sich unterschiedliche Bestrafungspraktiken in verschiedenen Provinzen desselben Ordens. Die Franziskanerrekollekten von Flandern zum Beispiel stellten in ihren Statuten von 1718 die Regel auf, dass jeder Konvent mindestens zwei Zellen aufweisen müsse, die im Bedarfsfall als Strafvollzugszellen genutzt werden könnten. Daher mussten diese vergitterte Fenster und eine verriegelbare Türe besitzen.[46] Die Spanischen Hieronymiten bestraften diejenigen Mönche, welche zuließen, dass andere Ordensmitglieder das Theater besuchten, oder es vielleicht sogar selbst frequentierten, mit einem sechsmonatigen Entzug ihrer Ämter – und folglich auch ihres Status und ihrer Privilegien.[47] Diebstahl und exzessives Glücksspiel wurden ebenso hart bestraft.[48]

Das unerlaubte Verlassen des Klosters, d. h. die Klosterflucht, legitimierte den Orden, einen Mönch oder eine Nonne als Apostaten, das heißt als Abtrünnigen, zu behandeln. Allerdings verabschiedete Papst Urban VIII. (1623–1644) eine weitaus mildere Regel, nach der ein Klostermitglied, das nach vier Monaten reumütig zurückkehrte, ohne andere Vergehen begangen zu haben (Konversion, Ehebruch, sexuelle Kontakte, etc.), mit der Kommunität ohne ernste Strafmaßnahmen ausgesöhnt werden sollte. Allerdings war diese Regel den Ordensgemeinschaften Italiens (cisalpine) vorbehalten.[49]

Bemerkenswerterweise kehrten in der Tat viele Ordensleute nach einer Zeit des Herumvagabundierens in ihre Klöster zurück.[50] Motive für eine Klosterflucht waren zumeist Probleme innerhalb der Kommunität, vor allem mit den Oberen, aber auch persönliche Probleme, wie etwa Unzufriedenheit mit dem eigenen spirituellen Fortschritt, Langeweile, das Verlangen nach materiellem Besitz, der nach Ordensregeln ja verboten war, und schließlich die Sehnsucht nach sexueller Erfüllung und damit verbunden die Frage nach der eigenen Berufung zur Ehelosigkeit. Die Flucht war allerdings die allerletzte Handlungsoption und wurde nur unternommen, wenn alle anderen legitimen Alternativen ausgeschöpft waren. Dazu gehörten etwa die Eingabe um Versetzung in ein anderes Kloster oder gar die Bitte um Entbindung von den Gelübden.[51] Manchmal gaben aber auch ganz weltliche Ursachen den Ausschlag für eine Flucht. 1788 floh etwa der Benediktiner Ludolph Stollreither aus seiner Abtei Schäftlarn in Bayern, weil er das schwere Bier des Klosters nicht vertrug. Nachdem ihm der Abt brieflich zusicherte, von nun an leichteres Weizenbier zu offerieren, kehrte er nach ein paar Wochen zurück und wurde entsprechend den Absprachen auch nicht bestraft.[52] Klöster waren aber auch dazu verpflichtet, herumvagabundierende Ordensangehörige festzunehmen und zurückzusenden. Die Chronik des Franziskanerklosters Altötting berichtet, dass 1694 zwei slowenische Franziskaner-„Apostaten" nach abgeleisteter Buße in ihre Heimatprovinz zurückgeschickt wurden. Während man dieser beiden irgendwie habhaft wurde, stellte sich im folgenden Jahr P. Paulus Budziszucki aus Polen freiwillig. Er bekannte vor dem Prior seine Sünden in Tränen und bat „demütigst" um Vergebung und um Wiedereingliederung in den Orden. Gemäß den Ordenssatzungen wurde er für drei Tage im Kerker („carceri formali") eingesperrt, bei Wasser und Brot. Dann schwor er vor versammeltem Konvent seiner Apostasie ab, wurde absolviert und trat mit zwei Begleitern die Heimreise nach Polen an.[53]

Man darf sich die Klosterflucht ganz wörtlich vorstellen, etwa so wie sie der Altöttinger Chronist wiedergibt: In der Nacht auf den 1. September „floh in unserem Garten klammheimlich in seinem Habit P. Procopius Rizan, indem er über die Mauer stieg"[54]. Andere, wie Ignaz Rothfischer aus dem Regensburger Benediktinerkloster St. Emmeram, planten ihre Flucht oft monatelang im Voraus. Rothfischer etwa ließ über einen längeren Zeitraum hinweg Bücher und Geld aus dem Kloster schaffen, jeweils in so kleinen Mengen, dass es niemandem auffiel, aber um sicherzugehen, genug für die Flucht beisammen zu haben.[55] Rothfischer traf in Halle sogar mit dem berühmten Philosophen Christian Wolff (1679–1754) zusammen, den er sehr verehrte und von dem er Empfehlungsschreiben erwartete, um eine Stelle an einer protestantischen Universität zu erhalten. Wolff aber war nicht besonders beeindruckt. Er schrieb an seinen bayerischen Schüler von Ickstatt in Ingolstadt: „Wegen Religionsänderung des Herrn Rothfischers bin ich Euer Hochwohlgeboren gleicher Meinung. Er kam auch ein baar Stunden zu mir kurz vorher, nachdem er sein Vernehmen werckstellig gemacht." Anstatt Rothfischers Religionswechsel gutzuheißen, hat Wolff ihm Leichtfertigkeit vorgeworfen und ihm vorgehalten,

„ob er denn meine, die Streitigen articul bey den Lutheranern leychter glauben zu können als bey den Catholischen. Z. B. ich habe ihn widerleget was er wegen der Messe und adoration in derselben vorgebracht, ob er denn vermaine, dass es etwas Schlimmes seye sich des Todes Christi täglich zu erinnern, welches Christi einsetzung und der ermahnung des großen Apostels gemäß, und ohne den modum praesentiae Christi, der streitig ist, zu attendiren, ob er glaube, dass ich Christum absonderlich, wo er auf eine besondere Weise mit seinen Verdiensten zugegen ist, wie auch die Lutheraner glauben, nicht anbeten darf, indem es ja selbst geschehet, dass in der Messe nicht das Brod angebethet würd. Ob er mir aber gleich auf alles nichts zu repliciren wusste, was ich gegen seine Wendungen vorbrachte, so war doch nichts auszurichten, sondern blieb bey seinem Entschluss, dass sein Vorgeben ... nicht übereillet sey ... Ich habe auch in Ansehung seines Glücks ihm vorgehalten, dass in unsern Landen, und in Sachsen vor ihm nichts zu thun seye. Er muss nun sein Verhängnis abwarthen ... Am anfang höret es sich zwar gutt vor ihn an: allein es bleibet auch dabey, und ist von keiner Folge. Wann er auch irgentwo auf einer Lutherischen Universität mit einer Philosophischen profession sein glück machen könnte, wo zu doch noch schlechte Hofnung ist, wurde doch dieses *splendida paupertas* seyn. Wer sich aber nit wil rathen lassen, dem stehet nit zu rathen."[56]

Zwar fand Rothfischer eine Anstellung an der Universität von Helmstädt, starb aber bereits wenige Jahre später hoch verschuldet und angefeindet, ganz so, wie ihm Wolff vorausgesagt hatte.

Man konnte niemandem seine Pläne anvertrauen, da man ansonsten vor der Flucht eingekerkert wurde; außerdem hätte man das Gewissen eines Ordensmitbruders schwer damit belastet. Aber auch nach der Flucht war man noch lange nicht in Sicherheit. Betrat man nämlich katholisches Gebiet, so war der Souverän verpflichtet, den entsprungenen Ordensmann (seltenst eine Ordensfrau) in das angestammte Kloster zurückzubringen. Die Heimatklöster heuerten außerdem Agenten an, welche wie Kopfgeldjäger entlaufenen Mönchen auf die Spur zu kommen versuchten, um im richtigen Moment die Behörden betreffs einer Verhaftung zu informieren. Aber zurück zum oben erwähnten P. Procopius: Er flieht zuerst nach Böhmen, wo er aber bald Reue zeigt und sich im Kloster Ottau stellt. Dort wird er von seiner Exkommunikation, die er sich durch die Flucht zugezogen hat, losgesprochen (absolviert), dann nach Pilsen und fortan nach Neukirchen in Bayern geschickt. Da es sich aber um eine wiederholte Flucht handelte, wurde er nun von der Provinzleitung zu zwei Monaten Kerker verurteilt, während der er jeweils zu einer Mahlzeit nur Brot und Wasser erhalten sollte und während der ganzen Zeit eine „öffentliche Buße" im Speisesaal der Mönche zu vollziehen hatte. Es scheint sich dabei um einen Bußakt gehandelt zu haben, entweder eine Selbstgeißelung oder, was wahrscheinlicher ist, eine simple Prostration, d. h. ein Sich-Niederwerfen auf den Boden vor der versammelten Kommunität; denn ein Zusatz vermerkt, dass Procopius ferner den untersten Platz bei Tisch einzunehmen habe, und zwar für drei Monate. Andere kirchliche Gefängnisse leisteten aber auch Amtshilfe, so etwa, als der irische Franziskaner Antonius Hicquaeus, der durch Soldaten festgenommen worden und nach Freising zurücktransportiert worden war, vor der Überstellung ins Kloster zwei Tage im bischöfliche Kerker ausharrte.[57]

In einer Anzahl von Fällen flohen Mönche aber auch, um sicherzugehen, dass ihr Gesuch um Entbindung von ihren Gelübden auch wirklich in Rom vorgebracht würde. Ein solcher Fall liegt wiederum bei den bayerischen Franziskanern vor, als Maximilian Mändl 1722 aus dem Kloster verschwindet. Mit großem Pathos schreibt der Altöttinger Prior an den Provinzial, dass Mändl auf den „schrecklichen Weg Kains" abgeglitten sei.[58]

III. Das Leben im Klosterkerker

Die mildeste Bestrafung eines Ordensangehörigen bestand in einer offiziellen Verwarnung durch den Oberen. Zeigte diese keine Wirkung, wurden kleinere Strafen für Vergehen verhängt: Für das Zuspätkommen zu den Gebetszeiten wurde man damit bestraft, bei den Mahlzeiten auf dem Boden sitzen zu müssen oder aber den in der Hierarchie untersten Platz im Chorgestühl einzunehmen, auch wenn man bereits höhere Seniorität erreicht hatte. Nur wenn die Aufrechterhaltung der Klosterdisziplin schärfere Maßnahmen erforderte, weil ansonsten zu befürchten stand, dass das schlechte Beispiel eines Mönchs auf andere abfärben könnte, wurden Ordensleute von der Gemeinschaft abgesondert. Sie wurden entweder zu ehrbarem Kerker, der manchmal einfach nur „Arrest" auf der eigenen Zelle bedeutete, oder aber zu unehrbarem Kerker verurteilt. Während der ehrbare Kerker eine Disziplinierungsmaßnahme darstellte, in der Ordensleute unter Arrest standen, aber weder gute Kost noch die Lektüre von Büchern entbehren mussten und auch ihren Habit und ihre Stimmrechte als Zeichen ihrer klösterlichen Würde behielten, sah es im unehrbaren Kerker anders aus.[59] Der Insasse dort war wegen schwerwiegender Vergehen aus der Gemeinschaft ausgeschlossen, manchmal auf Zeit, aber manchmal auch auf Lebenszeit. Als Insasse verlor man das Recht auf die Tonsur, je nach Schwere des Verbrechens auch den Habit und das Stimmrecht, und war strengen Fastenpflichten und oft auch körperlicher Züchtigung unterworfen.

Dieser unehrbare Kerker war der wirkliche Klosterkerker, oder lateinisch *carcer* oder *ergastulum*. Er war Verwahrungs-

und Vollzugsort für „kriminelle" Ordensleute, oftmals ein unterirdisches Verlies ohne Fenster. Das Konzil von Trient (1545–1563) hatte die seit dem Hochmittelalter üblichen Kerkerstrafen nicht abgeschafft; Kerkerstrafen blieben ein beliebtes Mittel der Disziplinierung des Klerus in der tridentinischen Kirche, in den Orden, aber auch in den Diözesen, bis zur Mitte des neunzehnten Jahrhunderts.[60]

Augustin Calmet (1672–1757), der berühmte und gelehrte Benediktinermönch von St. Vanne, erklärte in seinem Kommentar zur Benediktsregel die Notwendigkeit eines Klostergefängnisses mit dem Hinweis auf den Wert und die Notwendigkeit der klösterlichen Disziplin. Er verwies auf die gängige Praxis, kleinere Vergehen mit der Verweisung vom gemeinsamen Mahltisch, aber schwerwiegende Fehler mit der Verweisung und Abtrennung des Ordensmannes vom „Körper" der klösterlichen Gemeinschaft zu ahnden. Er wurde „exkommuniziert". Dies bedeutete die Separierung des betreffenden Mönches vom gemeinsamen Mahl und Gebet. Der Abt konnte die Bestrafung durch zusätzlich angeordnete Bußübungen oder strenges Fasten verschärfen. Während eine kirchliche Exkommunikation (großer Bann) für Verbrechen gegen die Einheit der Kirche oder andere schwere Sünden (Brechen des Beichtgeheimnisses etc.) verhängt wurde, konnte eine klösterliche Exkommunikation auch für kleinere Vergehen verhängt werden, etwa wenn ein Mönch ständig zu spät in den Chor kam, nicht am gemeinsamen Mahl teilnahm, laut im Chor lachte oder ein Tongefäß zerbrach. Die kirchliche Exkommunikation war wie die klösterliche eine *poena medicinalis*, eine Strafe, die den Delinquenten zur Besserung anregen sollte. Während eine kirchliche Exkommunikation durch formale Feststellung aufgehoben werden musste (zumindest in den meisten Fällen), konnte die klösterliche Exkommunikation von vornherein auf Zeit ausgesprochen werden und war mit dem Erreichen des Ablaufdatums erloschen.[61] Unter den Vergehen, welche am schärfsten bestraft wurden, ragten Vergehen gegen das Gelübde des Gehorsams, der Keuschheit und der Armut hervor. Ebenso harsch wurden aber auch skandalöse (nicht unbedingt sexuelle) Beziehungen zu Frauen, Zorn, Diebstahl, Urkundenfälschung, Unterschlagung, physische Gewalt und alle anderen Sünden, die in der Öffentlichkeit (innerhalb oder außerhalb des Klosters) Skandal erregten oder den Frieden beeinträchtigten, bestraft (*pax conventus perturbari*). Für besonders schwere Vergehen, schreibt Calmet, hatten die Benediktiner seit dem sechsten Jahrhundert ein Gefängnis, in dem der Mönch angekettet werden konnte.[62] Die Statuten der französischen Coelestiner von 1670 schreiben noch die Einkerkerung wegen Vergehen gegen die Ordensregeln und auch die Ankettung an Händen und Füßen vor.[63] In den meisten Orden aber konnte ein Abt oder Oberer einen Mönch nicht einfach zum Kerker verdammen, sondern musste einem genau vorgeschriebenen Protokoll folgen, das einen formellen Prozess vorsah, in dem der Obere zusammen mit den Senioren des Klosters als Richter auftrat.[64] Körperliche Züchtigung war weit verbreitet und wurde gewöhnlich auf den nackten Oberkörper verabreicht, zumeist durch Ochsenziemer. Da eine solche Geißelung leicht den Tod des Delinquenten zur Folge haben konnte, regelten strenge Vorschriften das Procedere. Man durfte nur für die Dauer des Bußpsalms 51 die Auspeitschung vornehmen.[65] Die spanischen Trinitarier regelten in ihren Statuten von 1676 den Fall, dass einer ihrer Mönche ein Verbrechen vor den Augen der Öffentlichkeit außerhalb des Klosters begeht; in diesem Fall wurde er durch die Kommunität während des ganzen Jahres hindurch ausgepeitscht.[66] Auch die spanischen Hieronomiten, deren Konstitutionen 1730 bestätigt wurden, bestimmten, dass der Verurteilte vor der ganzen Klosterkommunität für seine schweren Sünden auszupeitschen sei.[67]

Ein unehrenhafter Kerker, sei es im Kloster oder im Bistum, sah nicht viel anders aus als ein mittelalterliches Verlies, nämlich „unmenschlich, furchterregend und dunkel ... feucht, kalt, mit Ungeziefer, Schlangen und Kröten", wie Felix Fabri 1484 schrieb.[68] Aufgrund solch horrender Unterbringungsmethoden ermahnten Kirchenrechtler zu allen Zeiten die Ordensoberen über ihre Pflicht, sich den verurteilten Ordensleuten gegenüber human (humane) zu verhalten. Die Tatsache, dass sich solche Ermahnungen zuhauf in der Literatur entdecken lassen, wirft ein bezeichnendes Licht auf die Zustände in den monastischen Gemeinschaften: Es scheint, dass allzu oft Obere ihre Stellung ausnutzten und anstatt Menschlichkeit Zorn und Sadismus regieren ließen.[69] Die Statuten der spanischen Trinitarier-Mönche von 1738, publiziert im Jahr 1787, etwa bestanden immer noch darauf, dass alle Klöster ein sicheres Gefängnis unterhalten sollten, jedoch eines, das nicht zu „rigoros" sei (non tamen adeo rigorosus). Dennoch sollte es auch Vorrichtungen besitzen, um nötigenfalls einen Mönch an Händen und Füßen in Ketten zu legen (compedes et vincula), ihn mit gebräuchlichen Folterinstrumenten zu einem Geständnis zu zwingen oder ihn mit derartigen Züchtigungsinstrumenten zu bestrafen. Trotz dieser scharfen Züchtigungsandrohungen war der Obere aber auch dazu angehalten, die geistliche Führung des Delinquenten nicht zu vernachlässigen. In den meisten Kerkern waren daher auch spirituelle Bücher gestattet; das Schreiben war allerdings strengstens verboten.[70] Auch die Unbeschuhten Karmeliten in Spanien betrachteten Klosterkerker noch 1787, also

Jahrzehnte, nachdem sie in den meisten anderen Ländern abgeschafft waren, als notwendig; diese sollten aber wiederum nicht inhuman sein. Ferner wurde den Oberen eingeschärft, sie sollten neben den spirituellen die körperlichen Bedürfnisse der Eingekerkerten nicht vernachlässigen.[71] Auch Mönche des Dritten Ordens des hl. Franziskus von der Strengen Observanz in Paris konnten für mehrere Jahre oder sogar auf Lebenszeit eingekerkert werden, durften aber ein Jahr nach Beginn des Haftantritts beichten und bei reuiger Gesinnung die Kommunion empfangen.[72]

Einer der anerkannten Spezialisten für Kirchenrecht des siebzehnten Jahrhunderts in allen Fragen der kirchlichen Strafjustiz, insbesondere der Klosterkerker, war der portugiesische Unbeschuhte Karmelit Antonius a Spiritu Sancto (1618–1674).[73] Er hielt fest, dass der Verdächtige, solange er noch nicht eines Verbrechens verurteilt war oder zu fliehen versucht hatte, ein Recht darauf habe, Habit und Tonsur zu behalten, und auch die Erlaubnis haben sollte, die Hl. Messe in einem kleinen Oratorium neben seiner Gefängniszelle zu feiern.[74] Sogar einem verurteilten Mönch konnte – je nach Sachlage und bei wahrhaft reuiger Gesinnung – gewährt werden, einmal im Jahr die Messe zu feiern.[75]

Allerdings war dies mehr juristische Theorie denn Praxis. In vielen Fällen interessierten sich die Ordensoberen wenig für das gelehrte Kirchenrecht, welches die Rechte des Individuums schützte; Willkür in Bestrafung und Verwahrung scheint vor allem in den Bettelorden weit verbreitet gewesen zu sein. War ein Mönch einmal zum unehrenhaften Kerker verurteilt, dann verlor er, wie die Statuten der spanischen Karmeliten von 1787 festhalten, seine Kapuze, sein Skapulier, seine Tunika und schließlich seine Tonsur.[76] Eine geringere und die bei Weitem am häufigsten verhängte Strafe ohne wirklichen Prozess war die Feststellung, ein Mönch sei ein „discolatus" („Störenfried"). Dann, so das Protokoll der Bayerischen Franziskanerdefinitoren, musste er am Tisch den untersten Platz einnehmen, sogar noch nach weltlichen Gästen, durfte nur einmal am Tag feste Speise zu sich nehmen und war auch hier in der Quantität beschränkt, und zu guter Letzt bekam er am Tag nur ein Glas Bier.[77]

Die eingesperrten Mönche waren aber nicht völlig von den Sakramenten ausgeschlossen, es sei denn, sie lehnten die Beichte ab und verteidigten Häresien; dann wurden sie aufs Heftigste geschlagen, unabhängig von Alter und Gesundheitszustand. Zumindest fünfmal im Jahr wurde etwa im Flur zwischen den acht Gefängniszellen der Wiener Kapuziner die Messe gefeiert, welcher die Insassen durch eine Öffnung in der verriegelten Zellentür folgen konnten.[78] Einige Orden unterhielten sogar Provinzgefängnisse für besonders schwierige Fälle, etwa die Franziskaner und Kapuziner in Österreich, die Franziskaner Venetiens oder die meisten Kartäuserprovinzen. Besonders rebellische, gewalttätige Mönche oder solche, die als notorische Ausbrecher bekannt waren, wurden in Klöstern untergebracht, deren Kerker als ausbruchsicher galten oder besser für die Verwahrung von schwierigen Mönchen eingerichtet waren. Daher verpflegte die Kartause Prüll bei Regensburg Mönche aus Spanien (El Paular), Erfurt und Danzig, welche in ihren Zellen unter dem Mönchschor den Gebetszeiten akustisch folgen konnten.[79] In der Kartause Mauerbach bei Wien gab es sogar einen besonderen Stuhl mit Hand- und Fußfesseln, auf dem Mönche gefoltert werden konnten. Außerdem waren alle drei Arrestzellen mit Hand-und Fußschellen ausgestattet sowie eine Zelle zusätzlich mit einem 400 Pfund schweren Stein, der wohl für Folterzwecke oder physische Strafen verwandt wurde.[80] Ein Mitglied der Klosterkommunität war gewöhnlich dazu beauftragt, die Gefangenen zu beaufsichtigen. Wenn ein Gefangener aus Nachlässigkeit des Wärters starb, war dieser exkommuniziert; der Wärter beging allerdings auch eine Todsünde, wie die kirchlichen Rechtsbücher argumentieren, wenn er einem Insassen unerlaubterweise zusätzliche Rationen an Wasser, Speise, Tinte oder Papier zukommen ließ.[81] Wenn ein Insasse aus Nachlässigkeit oder aus böser Absicht des Wärters entkam, wurde dieser selbst eingesperrt und schwer bestraft.[82] Im Wiener Kapuzinerkloster wurde diese Position als *Löwenwärter* bezeichnet, was deutlich macht, dass die Gefangenen wie gefährliche Tiere behandelt wurden.[83] Die erhaltenen Archivalien über die Behandlung der Kerkerinsassen scheint dies weiter zu bestätigen; oftmals wurden sie sogar schlechter als Tiere behandelt. In Poysdorf bei Wien etwa war die Zelle des eingesperrten Fr. Thuribius (gest. 1806) derart verdreckt (er spielte mit dem Ungeziefer und konnte sich nicht rein halten), dass die staatlichen Kommissare festhielten, die schmutzigen Wände und zerbrochenen Fensterscheiben könnten keinen Insassen dazu motivieren, ein zufriedenes Leben zu führen oder die eigenen Verstandeskräfte zu behalten.[84] Im Franziskanerkloster Paderborn waren die Umstände nicht besser, als man dort den Aufklärer Ferdinand Becker einquartierte.[85] Dass man derartige Zustände um der eigenen Reputation willen aus dem institutionellen Gedächtnis entfernt, darf nicht verwundern. Ein Beispiel dafür ist das Klosterarchiv der Wiener Franziskaner, das zwar einen Akt mit dem Vermerk „Klosterkerker" besitzt, der allerdings leer ist.[86]

Zur Verteidigung der Kapuziner ist aber vorzubringen, dass es einer der Ihren war, der als „whistle blower" die staatlichen Behörden über die inhumanen Zustände in Klosterkerkern informierte. Ignaz Fessler (1756–1839), Kapuzinerpriester und eifriger Aufklärer, informierte den österreichischen Erzherzog und Kaiser über die Klosterkerker. Er selbst hatte durch Zufall über den Kerker im eigenen Kloster erfahren. Er berichtet in seinen Memoiren:

„In der Nacht vom 23sten zum 24sten Februar [1782], nach der elften Stunde, wurde ich von einem Laienbruder geweckt. ,Nehmen Sie‘, sprach er, ,Ihr Crucifix und folgen Sie mir.‘ Erschrocken fragte ich: ,Wohin?‘ ,Wo ich Sie hinführen werde.‘ ,Was soll ich?‘ ,Das werde ich Ihnen dort sagen.‘ ,Ohne zu wissen wohin und wozu, gehe ich nicht.‘ Der Guardian [Prior] hat kraft des heiligen Gehorsams befohlen, dass Sie mir folgen, wohin ich Sie führe.‘ Sobald von Kraft des heil. Gehorsams die Rede ist, muss unbedingt geschehen, was befohlen wird; jede weitere Weigerung ist Capital-Verbrechen. Mit Schaudern nahm ich mein Crucifix und folgte dem Laienbruder, der mit einer Blendlaterne vorausging. Vor der Zelle eines meiner vertrauten Mitschüler vorbeigehend, trat ich schnell hinein, schüttelte ihn aus dem Schlafe und sagte ihm lateinisch zweimal ins Ohr: ,Man führet mich, Gott weiß wohin; erscheine ich morgen nicht, so melde es ...‘ Unser Weg ging in die Küche, aus dieser durch ein paar Kammern, bei Eröffnung der Letztern rief mir der Bruder zu: ,Sieben Stufen hinunter!‘ Mir ward enge ums Herz; es schien mir entschieden, dass ich kein Tageslicht mehr erblicken sollte. Wir gingen einen langen schmalen Gang, in dem ich rechts in der Mitte des Ganges einen kleinen Altar, links einige mit Hängeschlössern verschlossene Thüren erblickte. Mein Führer schloss eine derselben auf und sprach: ,Da liegt ein Sterbender, Frater Nikomedes ..., dem sollen Sie die Seele aussegnen.‘

Vor mir lag ein langgestreckter Greis in abgenütztem Habit, unter wollener Decke auf einem Strohsacke; die Kapuze deckte sein graues Haupt; sein schneeweißer Bart reichte bis an den Gürtel. Neben der Bettstelle ein alter elender Strohstuhl, ein alter schmutziger Tisch, darauf eine brennende Lampe. Ich sprach einige Worte zu dem Sterbenden; er hatte die Sprache bereits verloren, gab mir jedoch Zeichen, dass er mich verstände. An eine Beichte war nicht zu denken; durch leises

Zusprechen half ich ihm Liebe zu Gott, Reue über seine Sünden und Hoffnung auf die göttliche Barmherzigkeit in seinem Innern erwecken, und als er mir durch kräftigern Händedruck seine innerliche Rührung zu erkennen gab, ertheilte ich ihm die General-Absolution."[87]

Ein unterirdisches Verlies, zu dem man hinabstieg, scheint aber nicht einmal die schlimmste Unterbringung gewesen zu sein. Die Wiener Franziskaner scheinen ihre Gefangenen gezwungen zu haben, an einem Seil in ein tiefes Erdloch hinabzusteigen, zumindest bis etwa 1770.[88] Daher verglich Wilhelm Schickhard (1592–1635), ein Gelehrter der hebräischen Sprache und der Geschichte des Alten Testaments, Klosterkerker – sicherlich nicht ohne konfessionelle Polemik, denn er war Protestant – mit den Gefängnishöhlen im antiken Palästina.[89] Sogar der berühmte katholische Kirchenrechtler Prospero Fagniani (gest. 1678) schrieb in seinem Kommentar zum Kirchenrecht, dass er über die abscheulichen Lebensbedingungen in kirchlichen Gefängnissen Frankreichs entsetzt war[90], und er war von der Meinung seiner akademischen Fachkollegen angeekelt, dass ein Klosteroberer einen renitenten Ordensmann legalerweise verhungern lassen könne. Fagniani machte stattdessen deutlich, dass ein derartiger Superior, sei er Abt, Bischof oder Prior, sich des Mordes schuldig mache, aller Ämter verlustig gehe und sich selbst mit der automatischen Exkommunikation (*latae sententiae*) bestrafe.[91] Aufgrund derartiger Willkür, die oft die fundamentalste Menschlichkeit vermissen ließ, sah es auch der berühmte Moraltheologe und Jesuit Thomas Sanchez (1550–1610) als moralisch einwandfrei an, wenn ein zu Unrecht inhaftierter Ordensmann, dem Nahrung, Wasser und menschenwürdige Unterbringung verwehrt wird, aus seiner Not entflieht: Ein Ausbruch aus dem Kloster war damit gerechtfertigt! Dieses Ausbruchsrecht galt allerdings nur für Männer. Das Gelübde der Frauenorden wurde als bindender angesehen, sodass die meisten Kirchenrechtler einer Nonne auch dann nicht dieses Recht zugestanden, wenn sie Tod oder Verstümmelung fürchten musste.[92]

Eine Verstümmelung konnte zu allererst natürlich durch die Anwendung der Folter geschehen, aber auch durch Internierung in unbeheizten Zellen, was anscheinend öfter geschah. So verlor etwa ein Dominikaner im Kloster Teschen mehrere Zehen, weil er zwölf Jahre an einem solchen Ort gehalten wurde. Im Dominikanerkloster Graz wurde ein Gefangener nicht besser behandelt, musste dort aber dreiundzwanzig Jahre schmachten.[93] Bei Letzterem handelte es sich um einen neapolitanischen Mitbruder. Bei seiner Entdeckung durch kaiserliche Kommissare 1772 wurde festgestellt:

„Ein sicherer Emanuel Floccari, Priester dieses Ordens aus der neapolitanischen Provinz, wurde in seinem Land, weil er bey Gelegenheit einer für die ehemaligen Jesuiten gemachten, von dem König in Neapel aber cassirten Stiftung zu Gunsten der Jesuiten geschrieben, in die Inquisizion gezogen und mit Arrest beleget, aus welchem er entflohen und sich sodann in diesseitige Staaten [d.i. Habsburgische Erblande, U.L.], nämlich nach Gratz, im Jahre 1749 geflüchtet hat, um von da weiter nach Wien zu gehen, als aber inzwischen von dem Dominikaner-Ordensgeneral zu Rom wegen dieses Priesters die Stekbriefe in Gratz eingetroffen, lokte man denselben in dortiges Dominikaner-Kloster, worinn er auch nach den Formalien des von dem Ordensgeneral gegebenen Befehls in einem elenden Arrest abwechslungsweise bey Wasser und Brod eingesperret und darrinn auch 23 Jahre gegen Bezahlung jährlicher 62 fl. Beköstigungsgeldes von dem General belassen worden ist."[94]

Natürlich gab es aber auch andere Stimmen. Der österreichische Kanonist Leopold Pilati (1705–1755) etwa verneinte rundweg den Machtmissbrauch der Ordensoberen und versuchte die Existenz der Klosterkerker kleinzureden.[95] Nimmt man Pilati beim Wort, dass die Berichte über unmenschliche Behandlungsweisen in Klosterkerkern oder über physische Strafen oder schlechte Unterbringung von antiklerikalen Autoren erfunden worden seien, dann findet man sich alsbald in einem Dilemma: Wenn solche Berichte tatsächlich von externen Kritikern erdichtet wurden, warum wurde dann unter Ordensschriftstellern und Kirchenrechtlern so leidenschaftlich um die humane Behandlung von Gefangenen im Kloster diskutiert? Haben sich Fagniani und seine Kollegen auf ein reines Spiegelgefecht eingelassen? Dies anzunehmen erscheint mir äußert unwahrscheinlich.

Auch protestantische Polemik ergötzte sich an den Klosterkerkern, sah man in ihnen doch den Beweis für die Gewalttätigkeit des Katholizismus und dessen angebliche Verwerfung naturgegebener Menschenrechte. Es kann daher nicht verwundern, wenn der Gelehrte Johann G. Eichhorn (1752–1827) in der Exemtion der Klöster, d. h. ihrer Unabhängigkeit vom weltlichen Recht, einen Frontalangriff auf die Menschenrechte sah:

„Zwar zum Tode verdammten die geheimen Tribunale [der Klöster, U.L.] niemand; aber zu Gefängnisstrafen, die viel grausamer als Todesstrafen waren. Das schreckliche Geheimnis von unmenschlicher Behandlung wehrloser Ordensbrüder ist zuweilen durch die festen Mauern der Klosterkerker durchgedrungen: Die Menschheit schauderte vor seiner Grausamkeit: eine von den Früchten der Exemtion des Klerus von der gewöhnlichen Gerichtsbarkeit. Es war, als hätte den Staatsbürger sein Souverän verlassen und ihn der Bosheit und geheimen Machinationen preisgegeben! Als hätte der Profess [Ablegung der Ordensgelübde, U.L.] jeden Anspruch auf die Rechte der Humanität und der Gesellschaft aufgehoben."[96]

Der Trend der post-tridentinischen Kirche hin zur widerwilligen Akzeptanz der staatlichen Jurisdiktion über Zivilverbrechen von Klerikern und Ordensangehörigen wurde in Zentraleuropa erst durch den äußeren Druck staatlicher Gesetzgebung veranlasst: Erzkatholische Länder wie Bayern (1769), Neapel (1769), Habsburg-Toscana (1770) und die Habsburgischen Erblande (1771) verabschiedeten Gesetze, in denen sie die Klosterkerker und jede mit ihnen verbundene Rechtsprechung durch die Kirche aufhoben. Spanien, Parma, Mailand und andere katholische Länder folgten.[97] In den Habsburger Landen fiel die Aufhebung der Klosterkerker fast zeitgleich mit der Promulgierung eines neuen Kriminal-Gesetzbuches zusammen, der *Constitutio Criminalis Theresiana* von 1769.[98] Für Joseph von Sonnenfels (1732–1817), den aufgeklärten österreichischen Staatsreformer, war die Abschaffung der Klostergerichtsbarkeit notwendig, um das Gewaltmonopol und die höchste juristische Autorität des Staates zu erreichen. Klöster, welche weiterhin ihre Angehörigen nach alter Gewohnheit bestraften, wurden daher mit aufrührerischen Gruppen verglichen, wie etwa mit einer fanatischen Sekte in Mailand, die von ihren Mitgliedern blinden Gehorsam verlangte und sie dazu zwang, vor staatlichen Autoritäten niemals auszusagen.[99]

Die Bischöfe der Habsburger Lande waren bereits 1769 befragt worden, wie man die Abschaffung der Klosterkerker realisieren könne. Viele befürchteten enorme Zusatzkosten für den Bau spezieller Justizvollzugsanstalten oder den Unterhalt geistig verwirrter Priester in Pflegeanstalten. Der Bischof des böhmischen Leitmeritz insistierte darauf, dass in seiner Diözese niemals ein Priester eines gefängniswürdigen Verbrechens überführt worden sei und es daher in seinem Bistum auch keinen Bistumskerker gebe. Sollten aber alle Klosterkerker abgeschafft werden, müsste das Bistum einen solchen errichten, da ja nach neuen Richtlinien der Ortsbischof für die kriminellen Mönche und Nonnen zuständig wäre. Wer würde einen solchen Bau aber finanzieren? In Königgrätz empfahl der Bischof speziell über das Schicksal von inhaftierten Franziskanern nachzudenken, da der Orden wahrscheinlich unfähig sei, seinen finanziellen Verpflichtungen nachzukommen. Auch wies der dortige Bischof darauf hin, dass bei künftigen Gefangenentransporten absolute Diskretion gewahrt werden müsse. Niemals dürfe die Öffentlichkeit von kriminellen Klerikern erfahren. Vor allem im konfessionell gemischten Böhmen könnte dies katastrophale Folgen für das Ansehen des katholischen Klerus haben und die Gläubigen in die Arme der protestantischen Kirchen treiben. Die Bischöfe waren aber auch realistisch genug anzunehmen, dass die Klosteroberen eher die Verbrechen ihrer Untergebenen vertuschen würden als diese aufzudecken und dadurch moralisch erniedrigt zu werden. Daher sollte zwangsweise eine jährliche Inspektion aller Klosterkerker durchgeführt werden. Der Erzbischof von Prag, Anton Przichowsky (1752–1793), machte aber gegenüber der Regierung deutlich, dass der Staat keinesfalls den Bischöfen oder Orden das Recht der Klerikerbestrafung entziehen könne und dass diözesane Justizvollzugsanstalten oder Korrektionshäuser keineswegs Privatgefängnisse waren, wie es die Erzherzogin und ihre Juristen sahen.[100] Um künftiger schroffer Behandlung von Ordensleuten vorzubeugen, sollte aber den Ordensoberen die Möglichkeit entzogen werden, Mitglieder mehr als vierzehn Tage einzukerkern. Grundlegende Menschlichkeit und ein angemessenes Verhältnis von Strafe und Verbrechen sollten durch diözesane Aufsicht gewährleistet werden. Würde aber jegliche monastische Kerker- und Strafgewalt abgeschafft, so Przichowsky, hätte dies den völligen Zerfall der klösterlichen Disziplin zur Folge.[101] Graf Kolowrat, der im kaiserlichen Auftrag die Aussagen der Bischöfe abwägte, sah im Gesetzesvorschlag von 1769, der erst 1771 realisiert wurde, allerdings nur eine Statuierung des ohnehin nie hinterfragten Rechts des Souveräns, auch für die spirituelle Disziplin im Lande zuständig zu sein, und argumentierte, dass die neuen Regeln die Stellung des Bischofs eher stärkten als schwächten.[102] Eines der interessantesten Rechtsgutachten an den Wiener Hof schrieb Franz Graf von Waffenberg aus Mähren. Da die Ordensleute Staatsbürger seien, sei der Staat für ihr Wohl verantwortlich, trotz der kirchlichen Gerichtsbarkeit. Es müsse im Recht des Souveräns liegen, jederzeit untersuchen zu dürfen, ob fanatische Unwissenheit oder Verfolgungswahn oder menschliche Schwachheit in den Klöstern regierten. Allerdings stimmte er zu, dass Verbrechen in Klöstern nicht publik gemacht werden sollten, da sie sonst wie durch ein Vergrößerungsglas betrachtet in der Öffentlichkeit breitgetreten würden und einen Skandal verursachten. Die Gläubigen würden forthin ihre Priester als Heuchler ansehen, was langfristig den Bestand der Religion und damit die Grundlage eines wohlgeordneten Staates gefährde.[103] Erst 1771 erfolgte dann die Aufhebung aller Klosterkerker in den Habsburgischen Erblanden. Dieses Hofdekret Maria Theresias (1740–1780) vom 31. August 1771 schärfte den Klöstern ein, dass Disziplinierung zwar erlaubt, für schwere Verbrechen jedoch der Ortsbischof zu informieren sei und dass auch das schwere Fasten nur an abwechselnden Tagen und nicht kontinuierlich auferlegt werden dürfe. Die Einkerkerung selbst wurde aber abgeschafft. Stattdessen sollte die Disziplinierung in sauberen Zimmern stattfinden, und auch nur für eine befristete Zeit. Der Ortsbischof wurde angewiesen, die Disziplinarzellen regelmäßig zu inspizieren. Aber es wurde deutlich gemacht, dass ihm dies nicht aufgrund seines Bischofsamtes zustehe, sondern einzig, weil er von der Regierung dazu beauftragt werde. Nur für Verbrechen, die nach dem staatlichen Recht die Todesstrafe oder die Ausweisung verlangten, sollte die Klosterleitung den Ortsbischof angehen, der den Ordensmann dann in einem speziellen Korrektionshaus oder in einem diözesanan Gefängnis unterzubringen hatte:

> „Sollte jedoch ein Ordensglied in schwere und dergleichen Verbrechen wider besseres Vermuthen verfallen, auf welche die Abschaffung aus den Erblanden, ewiges Gefängnis, oder gar die Todesstrafe verhänget ist: So solle der Ordensobere bey schwerer Verantwortung schuldig seyn, einen solchen Verbrecher dem Ordinario sogleich anzuzeigen, welcher das weitere, was nämlich mit einem solchen Delinquenten zu veranlassen komme, beurtheilen wird."[104]

Die kirchenrechtlichen Diskussionen sowie die von weltlichen Kommissaren festgestellten exorbitanten Verstöße gegen die Menschlichkeit in vielen Klostergefängnissen relativieren Owen Chadwicks Bemerkungen über das angenehme Klima in solchen Einrichtungen. Zu Recht weist er darauf hin, dass Missetäter in Klosterkerkern zumeist sanfter bestraft wurden, als dies in weltlichen Einrichtungen der Fall war, und dass ein weit verbreitetes Argument gegen die Klosterkerker darin bestand, dass sie Verbrecher vor dem staatlichen Vollzug in Schutz nähmen. Aber er unterscheidet nicht zwischen einer Laienperson, die in einem Kloster einsaß, und einem Ordensangehörigen. Diese Differenz ist allerdings fundamental. Während nämlich Laien in der Tat zumeist eine komfortable Unterbringung erhielten, wenn sie etwa für Ehebruch zu einer Klosterstrafe verurteilt wurden, und es ihnen auch erlaubt war, ihre Bedienten sowie den nötigsten Luxus weiterhin bei sich zu haben, so blieben sie doch weiterhin Gäste in der Kommunität. Der Prior konnte sie zwar einiger Annehmlichkeiten, wie etwa bestimmter Essens- oder Weinrationen, berauben, sie aber keinesfalls körperlich bestrafen, auch weil die meisten Adlige waren. Ein Ordensmann wurde allerdings weitaus schlechter behandelt, weil der Abt oder Prior wirkliche Autorität über ihn besaß und weil er Schande über den Orden und dessen Reputation gebracht hatte.[105]

Sicherlich waren nicht alle Klostergefängnisse finstere Verliese, aber eine beträchtliche Anzahl war es vermutlich doch. Einige Orden und Klöster waren weniger strikt in ihrer Bestrafung als andere, besonders weibliche Ordensgemeinschaften und die reformierten Benediktiner Frankreichs in den Kongregationen von St. Maur oder St. Viton. Unter den Schwesternorden scheint man vor allem auf Absonderung von der Kommunität und weniger auf physische Bestrafung durch Auspeitschung gesetzt zu haben. Die Augustiner-Schwestern von S. Pierre Fourier hielten etwa in ihren Konstitutionen fest, dass ihr Gefängnis „ein dunkler Ort ist, der Fegfeuer genannt wird, oder auch Korrektionszimmer. Er muss sicher sein und man muss ihn verschließen können ... aber dennoch soll er ein gesunder Ort sein, aber weit von den anderen Schlafstätten der Schwestern entfernt"[106]. Die Benediktiner von St. Viton beschrieben ihr ehrenwertes Gefängnis (*custodia*) als einen Raum, hell genug, um darin Bücher lesen zu können, völlig im Gegensatz zu dem unterirdischen Kerker in Wien, den Fessler zu Gesicht bekam.[107] Die Franziskaner nannten das ehrbare Gefängnis ein Disziplinarhaus, ein „domus disciplinae honesta"[108]. In der Benediktinerkongregation von St. Maur war die Bestrafungszelle eine ordentliche Mönchszelle ganz wie in St.

Viton, wo der Pönitent nur einmal in der Woche seines ihm in der Ordensregel zugestandenen Weines entbehren musste. Alle anderen notwendigen Aufwendungen für Körper und Geist wurden angeboten, sodass kein Insasse in Verzweiflung verfiel und Suizidgedanken bekam. Sogar Besucher waren in St. Maur erlaubt, allerdings nur nach Rücksprache und Erlaubnis des Priors.[109] Es scheint, dass nur extreme Disziplinarfälle dieser Benediktinerkongregation in das Zentralgefängnis auf dem romantisch anmutenden Mont St. Michel verbracht wurden, wo 1766 zumindest sechzehn Mönche einsaßen.[110]

Die Mauriner Mönche waren nicht nur weitaus weniger dazu geneigt, harsche Strafen zu verhängen, sondern reflektierten auch als erste moderne Mönche über Wege der Resozialisierung von Missetätern.[111] Diese Erwägungen wurden von Jean Mabillon (1632–1707) 1695 verfasst, der die Kongregation von St. Maur nachhaltig geprägt hat; allerdings wurden sie erst 1724 veröffentlicht.[112] Mabillon stellte eine fundamentale Differenz zwischen kirchlichem und staatlichem Recht heraus: Während der säkulare Staat daran interessiert ist, für Ruhe und Ordnung zu sorgen, und daher Verbrechen ahnden und bestrafen muss, geht es dem kirchlichen Gesetzgeber vorrangig um das Seelenheil des „Verbrechers". Konsequenterweise sollten in monastischen Kerkern und den Korrektionsanstalten für Weltpriester dann auch nur Mittel angewandt werden, welche es erlaubten, dass der Insasse seinen Frieden mit Gott machen und spirituell resozialisiert werden konnte. Mabillon schrieb:

„Das ist der Grund, warum kirchliche Richter dazu verpflichtet sind, solche Strafen zu wählen, die am meisten geeignet sind, die Herzen der Sünder zur Buße und Umkehr zu bewegen ... Die Strafjustiz in den Klöstern sollte diese Praxis nachahmen und alle unmenschliche Härte ausschließen. Alle klösterlichen Strafen sollen stets väterlich sein, da sie aus der Gerechtigkeit des Vaters gegenüber dem Sohn verabreicht werden. Schlussendlich muss immer der Geist der Liebe und Barmherzigkeit in Strafurteilen den Vorrang haben."[113]

Für Mabillon war es von großer Bedeutung, dass die Bestrafung den Verurteilten nicht physisch oder psychisch überfordere. Außerdem brachte Mabillon noch einen weiteren Gesichtspunkt mit ins Spiel, nämlich die Privatsphäre des Verurteilten und des Klosters: Der Missetäter habe genauso wie das Kloster, dem er angehört, das Recht, die Vergehen nicht in der Öffentlichkeit ausgebreitet zu sehen. Man solle stattdessen in Diskretion die entsprechenden Disziplinarmaßnahmen verhängen.[114] Weitere Vorschläge Mabillons betrafen das alltägliche Leben eines Klostergefangenen: In den meisten Fällen war der Insasse eines Klostergefängnisses von der Kommunität abgesondert, konnte keine Besucher empfangen und durfte auch keine Bücher zur Hand haben, hatte auch keine Möglichkeit, sich körperlich zu betätigen, und durfte auch nicht zur täglichen Messe.[115] Mabillon erschien eine derartige Einzelhaft als unmenschlich; sie schade nur der Resozialisierung des Insassen, da man ihn ja jeder spirituellen, psychologischen und physischen Hilfe beraube. Daher trat der Benediktiner für eine liberalere Handhabung des Vollzugs ein. Das Lesen von Büchern sollte ebenso erlaubt sein wie der Zugang zu den Sakramenten. Auch Besucher sollten ab und an zugelassen werden. Das Wichtigste schien es Mabillon allerdings zu sein, die Oberen zu ermahnen. Es lag schließlich zu einem Großteil in ihrem Ermessen, wie mit einem Gefangenen umgegangen wurde. Obere sollten, so Mabillon, nie damit zufrieden sein, einen Missetäter bestraft zu haben, sondern vielmehr alles daran setzen, ihn wieder als zuverlässiges Glied der Gemeinschaft einzuverleiben. Das moderne Verständnis des Strafvollzugs als Resozialisierung hat hier seinen Ursprung. Der Benediktiner schrieb:

> „Alle möglichen Heilmittel werden kranken Mönchen verabreicht, um ihre Gebrechen zu lindern ... falls aber ihre Seelen von schweren Todsünden heimgesucht werden, begnügt man sich damit, sie in ein Verlies zu werfen und sie sich selbst zu überlassen ... Gibt es denn keine Furcht, dass Gott eines Tages Rechenschaft verlangt für die Seelen derjenigen, die, vernachlässigt von ihren Oberen, verlorengegangen sind?"[116]

Daraus wird ersichtlich, dass ein Strafkerker allein für Mabillon ein aussichtsloses Unterfangen darstellte. Mit der üblichen Einzelhaft bestrafte man zwar ein Vergehen, nahm aber in Kauf, dass der Insasse geistig verwirrt oder gar suizidal wurde. Mabillon schlug sogar vor, bei kleineren Vergehen gar nicht erst ein kirchliches Gericht einzuschalten, sondern zuerst Bußen wie schweres Fasten oder körperliche Arbeit aufzuerlegen. Um Depression vorzubeugen, empfahl der Benediktiner auch, den Insassen gelegentlich einen Spaziergang zuzugestehen. Ferner sollte jede Provinz der Mauriner in der Zukunft ein Zentralgefängnis besitzen, da es einfacher sei, an wenigen Stellen geeignete Korrektionszellen unterzubingen als in jedem Kloster, und die Einzelhaft sollte auf sechs Monate beschränkt werden. Falls sich Mönche tatsächlich nicht besserten, sollten sie ausgeschlossen werden oder in einen Konvent verlegt werden, in dem sie ihre Pflichten erfüllen konnten.

> „Es gibt nützlichere und weitaus erniedrigendere Bußen als den Kerker. Der Ausschluss aus dem Orden, die Unfähigkeit, die Priesterweihe zu erhalten, die Zuteilung des untersten Platzes in den Kommunitätsversammlungen, der Verlust des aktiven und passiven Wahlrechts sowie schwere körperlicher Arbeit sind weitaus effektivere Bußübungen als das Verlies."[117]

IV. Orden mit und ohne Gefängnisstrafen

Es gibt bemerkenswerte Unterschiede zwischen den einzelnen Ordensgemeinschaften in Bezug auf Kerker und Bestrafung von Vergehen. Die Jesuiten zum Beispiel unterhielten zu keinem Zeitpunkt Kerker, und auch die meisten anderen nach dem Konzil von Trient gegründeten Orden wie etwa die Theatiner, Barnabiten oder Piaristen verurteilten Mitbrüder nicht mehr zu erniedrigenden und schmerzhaften körperlichen Zuchtstrafen. Diejenigen Orden, die nach Trient nur reformiert wurden, wie etwa die Trinitarier und Karmeliten, und in einem gewissen Sinn auch die Kapuziner (als Reformorden gegründet) behielten aber die althergebrachten Traditionen der körperlichen Züchtigung bei.[118] Während die Benediktiner zwar Kerker unterhielten, entwickelten sie dennoch nie ein ausgeklügeltes Strafrecht; über die Gründe können wir nur Vermutungen anstellen, aber es dürfte wohl mit der Größe des Ordens, der generell besseren Disziplin und den sehr selektiven Auswahlkriterien für Novizen in Benediktinerklöstern zusammenhängen. Die Summe dieser Gesichtspunkte machte es unnötig, einen Strafkatalog aufzustellen. Anders sah die Situation bei den Franziskanern und Kapuzinern aus, die ein eigenes, äußerst detailliertes Strafrecht entwickelten.[119] Wo sind die Gründe für diese unterschiedlichen Entwicklungen zu suchen?

Zunächst fällt der Befund auf, dass die Jesuiten als größter katholischer Orden keine Gefängnisse benötigten, während alle anderen sie für absolut notwendig erachteten. Die Jesuiten hatten durch die Bulle *Ecclesiae Catholicae* von 1591, verabschiedet durch Papst Gregor XIV., das ausdrückliche Recht auf Klosterkerker zugestanden bekommen.[120] Allerdings wurde ihnen ebenso zugestanden, renitente Jesuiten aus dem Orden zu entlassen. Solche Fälle gab es durchaus, vor allem im 18. Jahrhundert, aber die strengen Aufnahmekriterien der Gesellschaft Jesu und die über viele Jahre sich erstreckende Probezeit machten Ausschlüsse extrem selten. Zwar gab es Selektion auch in anderen Orden, aber die Jesuiten waren die einzigen, die offensiv den Versuch unternahmen, „systematisch die höchstmögliche Qualität der Ordensmitglieder" durch geradezu „skrupulöse Mechanismen" der Selektion herbeizuführen. Ein Novize musste nicht nur eine zweijährige Probezeit überstehen und zahlreiche Evaluierungsverfahren durchlaufen, sondern am Ende musste auch zweifelsfrei feststehen, dass er für den Orden bestens geeignet war; bestanden nur geringste Bedenken, wurde er nicht zu den zeitlichen Gelübden zugelassen.[121]

Außerdem verfügte der Jesuitenorden über ein hochdifferenziertes internes Informationssystem, das durch Fragebögen personelle Probleme frühzeitig erkennen und beheben sollte. Um 1700 wurden diese Fragelisten zu vorgedruckten Formularen an die Ordensleitung in Rom, welche über Beförderung, Zulassung zu den letzten Gelübden etc. entschied. Oftmals wurden auch Spitzel eingesetzt, die entsprechende Informationen zu sammeln hatten. Zeigten sich bei Jesuiten, die bereits Gelübde abgelegt hatten, Probleme oder ernsthafte Defizite, so sollte der lokale Obere zuerst ermahnen. Solche Defizite konnten mangelnde Weitsicht sein, unzureichende moralische Festigkeit, Alkoholismus etc. Der italienische Jesuit Giovanni Lorenzo Sardi wurde 1684 etwa durch den General in einem an den Provinzial gerichteten Schreiben folgendermaßen gescholten:

„Ihm fehlen Gehorsam und Demut. Außerdem zeigt er nicht die nötige Liebe zur Armut und den aus ihr resultierenden Unannehmlichkeiten. Er neigt zur Klüngelei, was der brüderlichen Liebe abträglich ist. Außerdem wünschen wir uns in seinem Umgang größere Einfachheit und ein Verlangen nach Tugend. Er hat kaum in der Schule überzeugt. Man befindet, er achte zu sehr auf alles Äußerliche und pflege zu engen Umgang mit Laien, was mit unserer Gewohnheit bricht. Er hat nicht genügend Anstrengungen zur Unterdrückung des eigenen Selbst unternommen, außerdem ist er nicht besonders auf Spirituelles erpicht. Die Sorge um den inneren Menschen ist nicht ausreichend. Stattdessen ist er auf Gefallen aus und eitel. Im Essen und in der Freizeit ist er zu sehr auf Annehmlichkeiten fixiert."[122]

Erwies sich aber ein Jesuit dennoch als untragbar, etwa weil er sexuellen Umgang mit Frauen pflegte, Kindesmissbrauch begangen hatte („cum pueris") oder des schweren Diebstahls bzw. der Unterschlagung und Urkundenfälschung schuldig war, wurde er nach genauer Untersuchung des Tatbestands ohne formalen Prozess (wie in anderen Orden üblich) entlassen; war er bereits Priester, so suchte ein Entlassener meist um eine Anstellung in einer Diözese an und fand sie auch meistens. Ein Beispiel für eine Entlassung ist der Fall des Fortunatus Peracher (1669–1737). Er wurde 1703/04 aus dem Orden entfernt, nachdem er nach Zürich geflohen war und dort das reformierte Bekenntnis angenommen hatte. Dem vorausgegangen war allerdings eine Untersuchung des Jesuitenordens, in der festgestellt wurde, dass er sexuellen Umgang mit einem nicht volljährigen Mädchen gehabt hatte, deren Schweigen er mit zwei Goldstücken gekauft zu haben glaubte.[123] Derartige Unterlagen finden sich zuhauf im Bestand Jesuitica des Bayerischen Hauptstaatsarchivs in München. Allerdings scheint es sich dabei um eine der wenigen erhaltenen Überlieferungen zu Ordensentlassungen der Jesuiten zu handeln.[124]

Die Benediktiner besaßen zwar auch strenge Aufnahmekriterien, aber ihr Gelübde der Ortstreue (*stabilitas*) machte es unmöglich, Störenfriede oder straffällige Mönche zu versetzen.[125] Meist waren es gesundheitliche Problem, welche eine Aufnahme in den Orden unmöglich machten: Im adeligen Benediktinerinnenstift von Oberwerth in Trier etwa wurde die 16-jährige Marianna von Eys ursprünglich 1784 abgewiesen, weil sie auf einem Auge blind war. Man befürchtete, sie könne ihre Dienste, vor allem den Chordienst, nicht vollständig verrichten und hohe Arztkosten verursachen. Erst nachdem ihre Eltern eine weitaus höhere Mitgift versprachen und auch der Fürsterzbischof für sie eintrat, wurde von Eys ins Noviziat zugelassen und ihr die Gelübdeablegung gestattet.[126]

In zahlreichen Fälle scheinen Mönche auch eingekerkert worden zu sein, welche den Orden schlichtweg verlassen wollten, weil sie sich in ihrer Jugend gezwungen gesehen hatten, das Gelübde abzulegen; allerdings durften sie nur dann den Habit ablegen und das Kloster verlassen, wenn sie dies auch in einem eigenen Appell an die päpstlichen Behörden beweisen konnten. Gerade im 18. Jahrhundert scheinen die Anträge auf eine Annullierung der Gelübde sprunghaft angestiegen zu sein; in den Akten war nun auch vermehrt von der eigenen „Berufung" und der Berufung zum „verheirateten Stand" die Rede. Ein Beispiel für einen eingekerkerten, zum Gelübde gezwungenen Mönch finden wir im Kloster Niederaltaich, wo 1780 – lange nach Aufhebung der Kerker – „in aller Stille" Frater Heinrich Riemer aus Krems eingesperrt wurde, weil er seit seiner Profess sieben Jahre zuvor völlig depressiv sei und ständig nach seinen weltlichen Kleidern verlange, um wieder nach Hause gehen zu können.[127] Ähnlich erging es Jacob Endorfer (1760–1808) aus dem Stift Reichenhall. Auch er hatte ein Jahr nach Ablegung der Gelübde eingesehen, dass er nicht zum Ordensleben berufen sei, und gab an, seine Eltern hätten ihn zum Eintritt gezwungen. Der Zwang im Kloster scheint ihn in den Wahnsinn getrieben zu haben, denn schon bald gab er an, vom Teufel besessen zu sein. Seine Mitbrüder, zumeist Unterstützer der katholischen Aufklärung, hielten nicht viel von seiner Besessenheit und rieten ihm indes, „männlich" zu werden und den „weibischen" Aberglauben abzulegen.[128]

Im Unterschied zu den Jesuiten und den sogenannten Prälatenorden (Benediktiner, Zisterzienser, Prämonstratenser, Augustiner Chorherren) scheinen die Bettelorden weitaus weniger selektive Aufnahmekriterien angewandt zu haben. Vor allem die Franziskaner akzeptierten jeden, der gesund war und der eine wenigstens allgemeine Sehnsucht nach tugendhaftem Leben hatte. Ausgeschlossen von der Aufnahme waren verurteilte Verbrecher, frühere Häretiker oder Schismatiker, aber auch Menschen illegitimer Abkunft. Man sollte dies nicht geringschätzig abtun, da diese Orden gerade Mitgliedern aus den niederen gesellschaftlichen Schichten ein religiöses Leben ermöglichten, das für sie andernfalls unerreichbar gewesen wäre. Den Eindruck der geringeren Selektivität erhält man auch, wenn man die Ordenskonstitutionen der Franziskaner betrachtet; doch auch hier ist zu bemerken, dass es durchaus einige Provinzen gab, die strengere Aufnahmekriterien aufzustellen pflegten, wie etwa Venedig. Flächendeckende Studien über die Sozialgeschichte der Franziskaner, die uns statistische Einblicke in die Herkunftsmilieus der einzelnen Bettelmönche, aber auch über ihre moralischen Veranlagungen (anhand der Fragebögen, Eintrittsformulare und Visitationsberichte) geben würden, liegen allerdings noch nicht vor.[129] Die illegitime Geburt machte aber auch bei den Franziskanern den Eintritt unmöglich.[130] Vielleicht haben sogar die Zeitgenossen bereits bemerkt, dass die mangelnde Auslese im Franziskanerorden und seinen Zweigen leicht zu ernsthaften Problemen führen konnte, sodass man eine sichere Distanz zu den Bettelorden für wünschenswert hielt. Wie sonst sollte man sich die Vorgehensweise der ansonsten äußerst gastfreundlichen Cassinensischen Benediktiner erklären, denen es unter Androhung der Exkommunikation verboten war, Mendikanten als Gäste in ihren Klöstern aufzunehmen.[131]

Die unterschiedlichen Aufnahmekriterien der Orden waren aber nicht die einzigen Gründe für die internen Disziplinprobleme. Ein anderer Grund war sicherlich auch die Zahl der Kandidaten. Je mehr die Anzahl derjenigen stieg, die in einen Orden eintreten wollten, umso mehr stieg auch die Zahl derjenigen, welche nur widerwillig oder nur aufgrund elterlichen oder ökonomischen Zwanges eintraten. Je mehr Kandidaten man aufnahm, desto größer war auch das Risiko, persönlich schwierige Charaktere in die Ordensgemeinschaft einzulassen. Während etwa die Anzahl der Benediktiner stabil blieb und kaum zunahm, steigerten sich die Mitgliederzahlen der Bettelmönche dramatisch: Die Kapuziner hatten im Jahr 1698 etwa 27.000 Mitglieder, aber im Jahr 1754 schon 33.000. Die Unbeschuhten Karmeliten hatten 12.000 Mönche um 1700, aber am Ende des Jahrhunderts 15.000; die Zahl der reformierten Franziskaner stieg sogar von 12.000 im Jahr 1700 auf 19.000 im Jahr 1762.[132]

Die Jesuiten, die in der Anzahl ihrer Mitglieder mit den stärksten franziskanischen Orden in etwa gleichauf lagen, waren allerdings nie wie die anderen Orden an unkontrolliertem Wachstum interessiert. Nur Kandidaten, die der Gesellschaft Jesu auch nützlich waren, sollten aufgenommen werden; Qualität war diesem Orden wichtiger als Quantität. Daher konnte es sich der Jesuitenorden auch leisten, dem gesellschaftlichen Trend zu milden Formen der Disziplinierung zu folgen und gewaltsame Bestrafung oder gar Kerker für die eigenen Mitglieder abzulehnen. Auch die anderen nach Trient gegründeten Orden scheinen diesem neuen gesellschaftlichen Wandel verpflichtet gewesen zu sein, besonders die Theatiner, die ebenso wie die Jesuiten eine rigorose Auswahl ihrer Kandidaten praktizierten. Allerdings scheint noch ein weiterer Grund die Jesuiten bewogen zu haben, von Anbeginn ihr Recht auf Ordensentlassung ohne Prozess („facilitas dimittendi") beizubehalten und nicht den Weg des Ordensstrafrechts zu gehen, wie ihn die Franziskaner praktizierten: Durch die Vermeidung eines Strafverfahrens und -prozesses wurde dem Angeklagten die Möglichkeit der Appellation genommen. Dies ermöglichte es den Oberen, zügig den Orden von ungeeigneten Personen zu reinigen. 1698, als zunehmende Disziplinprobleme in den anderen Orden die päpstliche Kurie dazu bewogen, eine eigene päpstliche Kongregation für die Ordensdisziplin (*Super Disciplina Regulari*) zu gründen, baten auch andere Orden um das Privileg, ihre unehrenhaften Mitglieder formlos entlassen zu dürfen. Die jesuitischen Regeln waren nun zum Vorbild der Erneuerung geistlichen Lebens geworden.[133]

Da die Mendikantenorden weniger selektiv waren und auch durch bestehendes Recht daran gehindert waren, missliebige Mitglieder zu entlassen, entwickelten sie ein differenziertes Strafrecht, parallel aufgebaut zum weltlichen Strafrecht. Während aber das weltliche Strafrecht allmählich die harschen mittelalterlichen Strafen für geringe Delikte abschaffte, blieben sie im Ordensrecht bestehen. Ein gutes Beispiel dafür ist das Ohrfeigen des Priors, das zum Teil mit jahrelangem Kerker bestraft wurde. Aber nicht nur die Bestrafungen wurden milder, sondern auch die Verbrechen wurden weniger gewalttätig.[134] Zeitgleich ersetzten seit dem Konzil von Trient neue Generationen von Priestern den moralisch abgewirtschafteten Klerus in den Diözesen mit besser gebildeten, frömmeren Priestern, die sich auch ihrer geistlichen Berufung sicherer schienen. Hinweise auf diesen moralischen Aufschwung gibt es zuhauf, für unsere Zwecke mag aber genügen, dass bereits um 1677 die meisten körperlichen Zuchtstrafen (*fustigationes*) für den Klerus verschwunden und durch diözesane Korrektionsanstalten ersetzt worden waren, in denen sich straffällig gewordene Priester geistlichen Übungen und striktem Hausarrest unterzogen, wie der Jesuit Ernricus Pirhing (1606–1679) berichtet.[135]

Manchmal scheinen Bischöfe aber auch Klosterkerker benutzt zu haben, um missliebige Diözesanpriester zum Schweigen zu bringen. Der bekannteste, aber dennoch von Historikern völlig vergessene Fall ist sicherlich der des Domvikars Ferdinand Becker aus Paderborn. Er hatte sich den Hass des Erzbischofs zugezogen, da er deutsche Hymen in den Pfarreien einführte und für seine aufklärerische Kritik bekannt war. Der Präsident der Kammer, Clemens August von Mengersen, sah in den Hymnen den Geist der Häresie am Werk und veranlasste eine Untersuchung des Geistlichen, die allerdings nie bewilligt wurde. Für die Freunde Beckers war der Vikar eine Lichtgestalt, die dem toten Buchstaben der Theologie Leben einhauchte und dafür arbeitete, dass keiner seiner Studenten ein „Pharisäer" wurde.[136] Als Becker abergläubische Praktiken öffentlich brandmarkte, wurde er 1794 und 1796 offiziell verwarnt. 1798 wurde er sogar beschuldigt, die Bücher des protestantischen Theologen Georg Friedrich Seiler, namentlich dessen

Die Religion der Unmündigen, unter den Gläubigen zu verteilen. Sein Verhalten erinnerte die Behörden stark an die Aufklärer der Französischen Revolution, weshalb er nun offiziell der Häresie angeklagt wurde. Am 8. Juni 1798 wurde er nachts um 10 Uhr in seinem Haus verhaftet, nachdem die Schächer des Erzbischofs die Türe eingetreten hatten, und in das Franziskanerkloster verbracht. Dort wurde er in einem Zustand der Dehydrierung gehalten, und jeglicher Besuch wurde verboten. Als sich sein Neffe nach ihm erkundigte, wurde ihm zur Antwort gegeben, der Oheim unterziehe sich geistlichen Übungen. In der Nacht vom 25. auf den 26. Juli wurde er schließlich durch seinen Neffen und dessen Freunde befreit. Becker entfloh nach Arnsberg und dann nach Arolsen. Von dort schrieb er an seinen Bischof: „Keines Verbrechens bewusst, viel weniger überhaupt – ohne rechtliche Ladung – bei nächtlicher Zeit – von Soldaten aus meinem Hause ins Gefängnis gebracht – in ein Gefängnis, wo kein Freund, kein Verwandter, kein Bruder mich trösten durfte, wo ich der Reinlichkeit, der nothwendigen Bewegung und der frischen Luft entbehren musste – in dieser schrecklichen Lage sieben ganzer Wochen – ohne Verhör – ohne Urteil und Recht zu schmachten."[137] Der achtundfünfzigjährige Becker war tief verletzt über das vorgefallene Unrecht. Aus dem Exil heraus brandmarkte Becker öffentlich das ihm widerfahrene Unrecht, und noch 1802 forderte ihn der Generalvikar auf, ins Kloster zu einer Verhörung zurückzukehren. Becker beschrieb sein Verlies folgendermaßen:

„Hier [im Franziskanerkloster zu Paderborn, U.L.] ward ich auf ein abgelegenes Zimmer geführt, und hinter mir die Thür dreifach verschlossen, auch diejenige, welche vom Schlafhause dahin führt, verriegelt. Ich wurde krank, aber der verlangte Arzt kam nicht eher, bis Herr Hölscher die Erlaubnis schriftlich sub sigillo und zwar so ertheilt hatte, dass der Arzt jedes Mal in Begleitung des P. Guardians zu mir gelassen werden sollte, und niemals allein. ... Meine Gesundheit wurde wegen Abgang der reinen Luft und der mir höchst nötigen Bewegung, durch immerwährenden Gestank des selten ausgeleerten Nachtstuhls, durch die grobe Behandlung der Franziskanerbrüder ... [schlechter?] am 13. Juni .... habe ich bei der Hitze Durst leiden müssen ... durch die unverdaulichen, harten und fetten Klosterspeisen, und vorzüglich durch marternde Gedanken und mir entzogene Geistesbeschäftigung dergestalt von Tage zu Tage mehr erschüttert, dass ich vielleicht mein mitgenommenes Messer an mir selbst missbraucht hätte, wenn meine Grundsätze nicht dem Selbstmorde entgegen gewesen wären ... Es war von jeher der Gebrauch, dass wenn ein Geistlicher sich unmoralisch betragen hatte, er darüber von seiner Obrigkeit zur Rede gestellt, dreimal väterlich nach kanonischer Vorschrift ermahnet, und dann erst, wenn er unverbesserlich (incorrigibilis) befunden ward, entweder durch ein Billet oder durch den Kapitels-Sekretär ad Exercitia gebracht werde. Durch Soldaten geschah dies nie, außer dem Falle, dass sich der Geistliche der Widersetzlichkeit oder Flucht schuldig oder verdächtig gemacht hatte. ... Dann wurden dem Geistlichen in seinem honnetten Arrest ein Pater Spiritualis, d.i. ein Belehrer, oder ein Buch gegeben, worin er seine begangenen Fehler erkennen und bereuen lernen könne. Beides habe ich entbehren müssen. Denn es durfte kein Pater zu mir kommen, auch nicht mit mir sprechen. Der einzige, der allein bei mir war, ist der P. Provinzial Molkenbuhr, welcher mich am 15. Juli auf eine halbe Viertelstunde besuchte ... [und] mir zu verstehen gab, dass ich lebenslänglich eingekerkert bleiben würde ... Von Büchern fand ich nur ein Duodez-Bändchen im Kerker unter dem Titel: *Solitudo hagiophilae* ... Ich, meiner Seits, konnte mich nur an solchem dummen Geschmiere ärgern, nicht bessern, ich sagte daher dem Provinzial Molkenbuhr ins Angesicht, da er von Besserung sprach, dass ich im Kerker nicht besser, sondern schlimmer geworden sei: denn auch die Vorstellung des Gekreuzigten diene mir nicht zum Troste, sondern zum Fluche gegen die höhere und niedere Priesterschaft, welche den Herrn Jesum darum gemordet hätte ..."[138]

Schlussendlich ist auch anzumerken, dass weibliche und männliche Orden offensichtlich unterschiedliche Ansichten über die Bestrafung ihrer Mitglieder pflegten. Nach bisherigem Wissensstand erachteten es nur die männlichen Orden für notwendig, ihre Klöster mit Handbüchern über mögliche Vergehen ihrer Mitglieder, Prozessregeln und Bestrafungskatalogen auszustatten, obwohl es um 1750 immerhin etwa 150.000 weibliche Ordensangehörige gab.[139] Ein Grund könnte natürlich darin liegen, dass in Frauenkonventen weniger und besonders weniger gewaltsame Verbrechen verübt wurden, aber der Beweis dafür steht aus. Weitaus überzeugender scheint die Ansicht von Historikern zu sein, welche zeigten, dass frühneuzeitliche Nonnen und Schwestern bereits als Mädchen dahingehend sozialisiert wurden, auf die Bedürfnisse anderer in Gehorsam und unter Zurückstellung der eigenen einzugehen. Dies scheint junge Mädchen auch generell dazu motiviert zu haben, persönliche Verwirklichung und Vervollkommnung im geregelten Ablauf des Klosterlebens zu suchen. Ferner war das Kloster für katholische Mädchen auch weithin die einzige akzeptable Alternative zur Ehe oder dem Schicksal ewigen Jungferndaseins. Das Kloster wurde zudem als Lebensweg angesehen, der Freiheit von herrschsüchtigen Ehemännern und den Gefahren der Kindsgeburt bei gleichzeitiger relativer Selbstbestimmung versprach; das Kloster ermöglichte ein Leben im Dienst für andere (etwa im Hospital oder der Schule) oder als klausurierte Nonne in der Hingabe an Gott durch die angesehene Verrichtung des Chorgebets. Die Tatsache, dass es vornehmlich Männer waren, die um eine Dispens von ihren Ordensgelübden in Rom ansuchten, weil sie in ihrer Jugend zum Eintritt genötigt worden seien, scheint diesen Eindruck noch zu verstärken.[140] Daher kann es auch kaum verwundern, dass in den Habsburger Erblanden ein einziges Frauenkloster aufgrund interner Zerwürfnisse Kaiser Joseph II. um seine Auflösung ansuchte, während alle anderen weiblichen Konvente bemerkenswerte Beispiele spiritueller Hingabe, Disziplin und klösterlicher Harmonie waren.[141]

V. Der „Kriminalprozess" der Franziskaner

Es war vor allem die Herausforderung der Häresien, welche die mittelalterlichen Kirchenrechtler dazu motivierte, bestehende Kriminalprozessordnungen zu verbessern und durch Inquisitionstribunale zu ersetzen. Mit diesen war von nun an geregelt, wie eine systematische Untersuchung vor Gericht vor sich gehen sollte, wie Angeklagte befragt werden sollten, was als Beweismittel gelten konnte, etc. Die Regeln der Ordensgemeinschaften folgten kanonischem und nicht weltlichem Recht. Die Innovationen des Kirchenrechts wurden aber durchaus vom weltlichen Recht übernommen und zum Teil entscheidend verbessert, wie etwa im Heiligen Römischen Reich Deutscher Nation und seinem ersten Strafgesetzbuch, der *Constitutio Criminalis Carolina* von 1532.[142] Doch auch in der Frühneuzeit blieben die Strafgesetzbücher der Orden am Kirchenrecht orientiert und nahmen die parallele, progressive Weiterentwicklung im säkularen Recht kaum zur Kenntnis.

Die Gesetzessammlungen aller Zweige des Franziskanerordens kamen darin überein, dass kein Mönch für geringe Vergehen im wirklichen Kerker eingesperrt werden dürfe (*ob levam causam*), allerdings durchaus für schwere Verbrechen.[143] Folgte ein Prior diesen Regeln nicht, erklärte der Dominikaner und Kirchenrechtler Passerino 1677, so zog er sich die Tatstrafe der Exkommunikation (*latae sententiae*) zu.[144] Die Einzelheiten der franziskanischen Rechtsprechung aber, welche grausame Körperstrafen und Foltermethoden kannte, waren der breiten Öffentlichkeit unbekannt. Dies änderte sich 1769 mit dem Erscheinen eines anonymen Buches in Straßburg. Der Titel lautete: *Der Criminalprozess der Franziskaner*[145]. Es verkaufte sich bestens, auch weil im selben Jahr Magdalena Paumann aus dem Kerker der Klarissen am Anger in München befreit worden war und die lesende Öffentlichkeit hoffte, im *Criminalprozess* weitere Einzelheiten über den Fall zu erfahren.[146] Der Fall Paumann und die Darstellung der Strafgerichtspraxis der Franziskaner im *Criminal*prozess haben erheblich dazu beigetragen, den bayerischen Kurfürsten zu einem Verbot der Klosterkerker im selben Jahr zu bewegen. Der *Criminalprocess* besaß nämlich ungleich anderen Pamphleten der Zeit einen besonderen Vorzug: Er war kein antiklerikales Machwerk, sondern lediglich eine Übersetzung bzw. Edition authentischer franziskanischer Rechtsquellen, hier und da mit minimalem Kommentar versehen. Man konnte diese Publikation nicht einfach als Erfindung von Kirchengegnern abtun oder sie kleinreden. Diese publizistische Strategie wurde am Ausgang des achtzehnten Jahrhundert nun immer mehr praktiziert: Zwanzig Jahre nach dem *Criminalprozess* legte der zum Protestantismus konvertierte Ex-Servit Karl von Güntherrode mehrere Bände von Übersetzungen peinlicher päpstlicher Bullen und anderer Kirchendokumente vor, die noch heute lesenswert sind.[147]

Im Folgenden nehme ich den Text des *Criminalprozesses* als Wegweiser durch das komplizierte Gestrüpp des franziskanischen Ordensrechtes und zeige auf, von woher der Autor seine Informationen bezog, aber ich gehe auch über das präsentierte Material hinaus, um dem Leser weitergehende Informationen zu liefern. Zunächst ist etwas zu den Quellen zu sagen: Die ursprüngliche *Practica Criminalis*, d. h. die Strafgerichtsordnung der Franziskaner, wurde 1639 verabschiedet. Auf sie berufen sich die meisten hier zitierten Kirchenrechtler, unter anderem Anaclet Reiffenstuel (gest. 1703) in seinem *Jus canoni-*

cum universum (1714), Gaudentius van den Kerckhove (gest. 1703) in seinem *Methodus corrigendi Regulares, seu Praxis criminalis fratribus Minoribus propria omni regulari Judici accomodata* (1701), und vor allem Ludovicus Maria Sinistrari de Ameno (1622–1701) in seinem Kommentar *Practica Criminalis* (1693) und seinem eher praxisnahen *Formularium Criminale* (1693).[148] Das *Formularium* war ein Handbuch für Ordensobere und Provinziale, welches die Rechtsprechung anhand von ausführlichen Beispielen darlegte. Die abgedruckten Formulare sollten sicherstellen, dass die Ordensoberen dem kanonischen Recht in Anklage, Untersuchung, Zeugenbefragung und Urteil genau nach Vorschriften des Rechts handelten, um die Möglichkeit einer Berufung auszuschließen. Die aufgelisteten Fälle umfassen alles nur Denkbare, vom Attentat mit Gift bis zur Teilnahme an einer Abtreibung oder Kindesmissbrauch. Die Tatsache, dass diese Fälle ihre Aufnahme in ein Handbuch fanden, sagt zwar nichts über ihre Häufigkeit aus, sie scheint aber zu belegen, dass derartige Fälle oft genug vorkamen, sodass es ratsam erschien, sie zu behandeln. Unter den anderen Vergehen finden sich aber auch Keilereien, Diebstahl und Körperverletzung, welche nach Auskunft von Archivalien und Visitationsprotokollen häufiger vorkamen.

Während Klöster regelmäßig durch andere Obere inspiziert wurden (Visitationen), um vor allem moralische und spirituelle Versäumnisse aufzudecken, handelt es sich bei den Kriminalprozessen um eine eigenständige, davon zu unterscheidende Praxis.[149] Allerdings waren die offiziellen Amtsträger eines Kriminalprozesses oft auch Visitatoren, die etwa während des Besuchs eines Klosters Vergehen oder kriminelle Machenschaften entdeckten. War dies der Fall, so konnten sie einen Prozess beginnen, um weitere Skandale zu vermeiden. Diese konnten auch Gerüchten nachgehen, die ihnen von Ordensangehörigen über Vergehen zugebracht wurden. Zum Beispiel waren heterosexuelle Kontakte zwar schwere Vergehen, konnten aber durchaus als *delicta privata* behandelt und bestraft werden, es sei denn, sie waren öffentlich bekannt. Nur in schweren Fällen wurden Vergehen zu ausdrücklichen Verbrechen, *crimina excepta*.[150]

Ein klösterlicher Kriminalprozess war aber nie ein voller, ordentlicher Prozess wie im staatlichen Recht, sondern immer nur ein „summarischer Prozess". In einem solchen war die Form des Prozesses modifiziert, einschließlich der Rolle des Richters, um das Verfahren für ein bestimmtes Vergehen und seinen Kontext angemessen zu gestalten. Im Fall des Klosters bedeutete dies, dass der hierarchische Aufbau des Ordens Einfluss auf die Struktur des Prozesses hatte. Der Prior oder Provinzial war üblicherweise der Richter.[151] Außerdem bedeutete ein summarischer Prozess auch, dass das Verfahren selbst mehr privat als öffentlich war, weniger rigoros den juristischen Regeln folgte und seine eigenen Gesetze kannte, wie etwa die begrenzte Möglichkeit der Verteidigung. So war der Beschuldigte etwa nicht darüber informiert, welchen Verbrechens er eigentlich angeklagt war, kannte die Zeugenaussagen gegen ihn nicht und hatte auch keine anderen Prozessinformationen.[152]

Dennoch erforderte das Kirchenrecht eine Trennung zwischen dem Richteramt und dem des Anklägers. Die Anklage wurde demnach von einem vom Richter ernannten Ankläger vorgetragen. Ein Notar oder Aktuarius wurde ernannt, ebenso ein Mönch, welcher den Prozess schriftlich festhielt. Außerdem sah das kanonische Recht eine Verteidigung des Angeklagten vor. Der Angeklagte und die Zeugen wurden fernerhin unter Eid befragt. Das Urteil wurde im Orden publik gemacht, wenn der Angeklagte gestanden hatte oder für schuldig befunden worden war.[153] Ein derartiger Prozess erlaubte aber auch immer die Möglichkeit der Folter.[154]

Ein Kriminalprozess begann entweder mit einer Anklage oder einer anonymen Denunziation, einer offiziellen Inquisition (Untersuchung veranlasst durch Obere), es sei denn, der Angeklagte wurde beim Begehen des Verbrechens von einer Anzahl von Zeugen beobachtet. Für letzteren Fall gibt die kirchenrechtliche Literatur das Beispiel eines Ordensmannes an, der während seiner Befragung im Prozess religiöse Blasphemien ausstieß, sodass eine formale Anklage und weiterführende Inquisition überflüssig wurden.[155] Beispiele für Denunziationen finden sich in den Protokollen des Definitoriums der Bayerischen Franziskanerprovinz, etwa für das Jahr 1732, als ein gewisser P. Sanctus wegen Denunziationen in „materia lubrica factas" („schlüpfrigen Angelegenheiten") für drei Jahre zum „discolus" erklärt wurde, von denen er das erste Jahr in der Kustodie, also einem ehrbaren Kerker, zuzubringen hatte.[156] Wenn der Prozess aber mit einer Anklage begann, dann musste dem Richter eine offizielle Anklageschrift hinterbracht werden (*libellum accusationis*). Bei den Franziskanern war der Provinzial per Gesetz immer Richter, der aber meist das Amt einem lokalen Prioren übertrug. Die Definitoren der Provinz, d. h. die gewählten Vertreter der Mönche, welche zusammen mit dem Provinzial die wichtigsten Entscheidungsträger einer Provinz waren, wurden daher automatisch auch als Richter angesehen. Nachdem der Richter ernannt war, wurde das Zeugnis des Angeklagten gehört, entweder schriftlich oder mündlich, aber immer unter Eid (*juramentum calumniae*). Der Aktuarius und zwei Zeugen bestätigten die Protokolle des Prozesses mit ihren Unterschriften. Wenn sich der Angeklagte aber als besonders widerspenstig oder gemein zeigte und jegliche Kooperation ablehnte, wurden zwei Assessoren ernannt, die dem Richter zur Seite standen. Dieses Rechtssystem hatte zur Folge, dass Obere nur selten angeklagt wurden, auch weil solche Anklagen nur durch Mönche erfolgen konnten, die einen absolut untadeligen Lebenswandel aufwiesen.[157] Der privilegierte Status der Oberen erklärt auch die vielen unglücklichen Urteile in solchen Prozessen; ein Oberer konnte leicht Anschuldigungen, die gegen ihn vorgebracht wurden, als erfunden abtun, besonders wenn diese Anschuldigungen dem Ankläger die Strafe für Diffamierung zuzogen; dann konnte der Störenfried als Gefahr für den Frieden des Klosters ohne Prozess eingesperrt werden. Wenn ein Prozess mit einer anonymen Denunziation begann, verfuhr man wie mit einer offiziellen Anklage, mit dem Unterschied, dass dem Richter keine unterschriebene Anklage vorgelegt wurde.[158] Wurde ein Verbrechen während der Vernehmung begangen (etwa eine Ohrfeige für den Prior), konnte man, wie oben ausgeführt, ohne weitere Zeugenaussagen den Schuldigen sofort verurteilen.[159]

Ein Beispiel für einen Prozess durch angeordnete Inquisition ist der Fall des Franziskaners Wendelin Heun (1730–1778), der nach der Abtrennung der thüringischen Provinz von der sächsischen in die Saxonia zurückkehren wollte. Er versäumte aber die entsprechende Frist, sodass ihm der Provinzial diese Versetzung nicht gestattete. Dem widersetzte sich Heun aber vehement und gab auch seinen Gehorsam gegenüber seinen Oberen auf. Folglich wurde er für zwei Jahre inkarzeriert, bis schließlich die thüringische Provinz einen Inquisitionsprozess begann. Während dieser Zeit sandte Heun mehrmals „impertinente" Briefe an seine Oberen, drohte, dass sie alle wegen seiner ungerechtfertigten Inkarzerierung exkommuniziert seien, und legitimierte damit seinen Ungehorsam. Die Provinzialdefinitoren boten ihm an, seine Strafe aufzuheben, wenn er seine Vorwürfe zurücknehme, aber wohl nur auf Druck des aufgeklärten Erzbischofs von Mainz, der Klosterkerker durch ein Gesetz vom 16. Mai 1770 abgeschafft hatte.[160] Als Heun 1771 mitgeteilt wurde, es sei ihm erlaubt worden, eine Berufung an die Definitoren zu verfassen bezüglich der Frage, zu welcher Provinz er fortan gehören wolle, lehnte er dies rundheraus ab. Stattdessen verlangte er nun die Erlaubnis, nach Rom reisen zu dürfen, um die ganze Provinz vor dem höchsten päpstlichen Gerichtshof zu verklagen. Bei seiner Verlegung konnte Heun in der Tat entkommen und machte sich auf den Weg in den Vatikan. Der General der Franziskaner in Rom, der Heun empfing, sah in ihm aber einen verwirrten Mönch, den er sofort wieder zurück nach Thüringen schickte, mit der Auflage, ihn milde zu behandeln. Die Provinz aber inkarzerierte Heun sofort; schließlich war sie vor dem General in Rom durch den ausgebüchsten Mönch bloßgestellt worden. Heun blieb im Kerker bis zu seinem Tod 1778. Während seiner letzten Lebenswochen erlaubte ihm der Prior sogar den Besuch eines Arztes, um nicht dem Vorwurf fahrlässiger Tötung ausgesetzt zu werden, aber es war zu spät. Gemäß den Berichten des Arztes und einer nun einsetzenden staatlichen Untersuchung wurde festgestellt, dass Heun in einem finsteren Verlies ohne Fenster und Ofen gehalten wurde, dass er zumeist nur Brot und Wasser als Nahrung erhielt und dass sich die Zelle in einem hygienisch unbeschreiblichen Zustand befand. Heun starb, wie die Untersuchungskommissare festhielten, weil ihm seine Mitbrüder rechtzeitige medizinische Hilfe verweigert hatten. Auch machte die Untersuchung wie bereits an anderen Orten deutlich, dass sich Ordensobere nicht scheuten, Staatsbeamte anzulügen: Bereits Jahre zuvor war ein Staatsbeamter Gerüchten über den inkarzerierten P. Heun nachgegangen, hatte aber seine Nachforschungen eingestellt, als der Prior ihm mitteilte, dass Heun seit Langem in einer anderen Provinz lebe (obwohl er ja im Kellerverlies schmachtete). Als Konsequenz seiner Handlungen wurde der Prior durch staatlichen Befehl aus der Pfalz ausgewiesen, und vonseiten der Kirche wurden ihm mehrere Wochen strenges Fasten und geistliche Übungen auferlegt.[161]

Der Historiker muss an dieser Stelle nun aber die Frage nach den Quellen für Kriminalprozesse im Kloster stellen. Solche finden sich vornehmlich in Disziplinarakten der einzelnen Ordensprovinzen. Für die Bayerische Franziskanerprovinz hat sich sogar ein *Liber Delinquentium*, also ein Verbrecherbuch, erhalten, das bezeugt, dass es im 17. Jahrhundert anscheinend den Bedarf gab, Strafurteile in der Registratur festzuhalten. Allerdings beginnt der Band mit fol. 77 und umfasst nur zwei Seiten. Es steht zu vermuten, dass man vor der Aufhebung der bayerischen Klöster 1802 den ersten Band, der die Folioseiten 1–76 und mit großer Wahrscheinlichkeit äußerst sensibles Material enthielt, vernichtet hat, sodass er bei der Aufhebung der bayerischen Klöster 1802 nicht in staatliche Hände fiel.[162] Dennoch lassen sich aus dem spärlichen Umfang der Bemerkungen dieses Verbrecherbuches einige interessante Fälle rekonstruieren. So wurde etwa – ein Datum ist leider nicht angegeben – ein Genesius Pfleger „ob litteras impuras ac suspectum consortium", d. h. wegen unsittlicher Briefe und des Verdachts auf ein sexuelles Verhältnis, zum schweren Kerker verurteilt, während Frater Fridolin Schuster „ob delictum sodomiae", also wegen homosexueller Akte, verurteilt wurde.

Dieser Fridolin Schuster begegnet, wie auch Genesius Pfleger, häufig in den Protokollen der Bayerischen Franziskanerprovinz, wie es auch keine Übertreibung ist zu sagen, dass von etwa sechshundert bayerischen Franziskanern es immer derselbe Kern von zehn bis fünfzehn Brüdern war, die ständig schwere Vergehen verübten. Es begegnet uns Fridolin Schuster in den Protokollen dutzende Male. Er wurde 1701 in Polling geboren und trat 1729 in den Orden ein. Schon 1730 vermerkt sein Oberer in Landshut, dass er einen stillen und guten Humor habe, gesunder Natur sei, fleißig und bedachtsam. Hinsichtlich seiner Tugenden aber wird vermerkt: „Still, scheint aber etwas hinterhältig." Zwei Jahre später spricht ein Vermerk lediglich darüber, dass der ehemalige Bader und nunmehrige Klosterkoch auf seine Tugenden achten müsse, und 1733 wird er schließlich als jähzornig gekennzeichnet.[163] Zwischen 1733 und 1745 ist er viele Male Gegenstand scharfer Bestrafungen und Einkerkerungen, einmal der Unzucht mit Frauen angeklagt, ein andermal der Sodomie.

Weniger schwerwiegende Vergehen waren etwa das Schreiben von Liebesbriefen. Beim ersten Mal noch milde bestraft, meist nur als „discolus", wurde bei wiederholtem Liebesbriefschreiben die Bestrafung verschärft. Es mag den Leser des 21. Jahrhunderts verwundern, warum solche Briefe als „Straftaten" angesehen wurden, aber im Kloster hatte man Ehelosigkeit und Keuschheit gelobt, und Liebesbriefe konnten diese Gelübde ernsthaft gefährden oder gar zu ihrem Bruch führen. Besonders schwerwiegend war ein solcher Fall, wenn man Liebesbriefe an eine Nonne schrieb, was etwa bei den Franziskanern Venedigs mit dem Ausschluss aus dem Orden bestraft wurde.[164] 1737 wurde im bayerischen Ingolstadt Frater Nazarius von den Franziskanern wegen des Schreibens von Liebesbriefen an ein Mädchen für ein Vierteljahr zum „discolatus" erklärt; im Wiederholungsfall drohte ihm eine schwere Strafe (*majori poena*), d. h. der unehrenhafte Kerker. Diese wurde im gleichen Jahr etwa Genesius Pfleger auferlegt, weil er nicht nur Liebesbriefe schrieb, sondern auch ein „schlimmes Verhältnis" (*malum consortium*) mit einer Frau pflegte und die Apostasie beabsichtigt hatte. Daher wurde ihm nicht nur rein formal der Prozess gemacht, in dem er für schuldig befunden wurde, sondern er wurde neben seiner zwölfjährigen Kerkerstrafe auch seiner Kapuze und seines franziskanischen Gürtels für verlustig erklärt; jegliches Berufungsansinnen sei, so das Protokoll, von vornherein abzuweisen und solle nur zur Verschärfung des Arrests führen. Eine Haftverkürzung könne erst nach acht Jahren eintreten.[165] Kleinere Vergehen, wie etwa das des Straubinger Franziskaners Titian Stöhr, nächtliche Trinkgelage zu halten, wurden beim ersten Vergehen noch milde bestraft.[166] Zeigte sich ein Mönch einsichtig und änderte sein Verhalten, so konnte er nach Absitzung seiner Strafe wieder volles Mitglied der Kommunität sein.

Nicht wenige Franziskaner müssen in der Vorspiegelung moralischer Besserung außerordentlich begabt gewesen sein, denn die erwähnten Fridolin Schuster, Genesius Pfleger und auch Ademar Holzapfel wurden trotz schwerer Vergehen gegen die Gesetze (Holzapfel hatte einen Jungen vergewaltigt) immer wieder auf Bewährung in die Kommunität zurückversetzt, wo sie weiterhin ihre Untaten begingen. Freilich war nicht jede Wiedereingliederung einfach, vor allem dann nicht, wenn ein Mönch Jahre wegen eines schweren Verbrechens in einem Verlies zugebracht hatte. Nach acht Jahren Kerker wurde 1717 P. Marianus Hözer aus dem Altöttinger Kerker befreit und, wohl um die Eingewöhnung zu erleichtern, in den Konvent nach Landshut versetzt. Dennoch vermerkt das Entlassungsdekret, dass man ihm keinesfalls die Erlaubnis geben dürfe, Beichte zu hören, was auf ein sexuelles Delikt hinweist. 1717 wurde aus dem gleichen Kerker Pius Hueber entlassen, der dort drei Jahre eingekerkert war. Seine Strafe wurde von Kerker auf „discolus" umgewandelt.[167]

Zu den für den Historiker interessantesten Verbrechen zählt wohl die Urkundenfälschung. Die Motivation zu ihr rührte meist vom Verlangen nach persönlichem Einkommen und monetärem Wohlstand her, oft verbunden mit der Absicht, für sexuelle Liebesdienste bezahlen zu können. Marquard Pfetter wurde 1758 wegen Urkundenfälschung und Betrug[168] zu einem Monat Kerker verurteilt („in poenam carceris formalis per solum mensem"), durfte aber nach seiner Eingliederung in den Konvent zehn Jahre keine Tonsur und keine Kapuze tragen und musste diese Zeit auch im Disziplinhaus verbringen; ferner war es ihm für alle Zeiten verboten, Frauen die Beichte abzunehmen.

Andere Unterlagen, die Urteile gegen Ordensleute enthalten, sind Protokolle der Provinz oder des Definitoriums etc. In den Definitoriumsprotokollen der bayerischen Franziskaner findet sich etwa 1721 der Hinweis, dass der irische Franziskaner Anton Hicquoi während eines Deutschlandaufenthaltes wegen einer skandalösen Unterhaltung mit einer Frau, mit der er auch getanzt habe, arretiert wurde.[169] Allerdings wurden auch Nörgler eingesperrt. So etwa 1726 Rupert Fagner wegen eines schweren Vergehens und schwerwiegender Vorwürfe gegen den Prior („graves murmurationes contra superiores"). Allerdings wurde er bereits im nächsten Jahr begnadigt.[170] 1729 wurde Pater Chrysanthius aus dem einjährigen Disziplin-Arrest unter der Bedingung entlassen, dass er von nun an „charitative", also freundschaftlich liebend, mit seinen Mitbrüdern umgehe.[171]

Die Entlassung aus dem Kerker bedeutete aber nicht, dass man den Mönch nun wieder an Stellen einsetzen konnte, die seinen Charakter zu sehr herausforderten. Hatte ein Franziskaner etwa Geschäfte im Beichtstuhl abgeschlossen oder die Beichte benutzt, um Frauen oder Männern sexuell nahe zu kommen, wurde er zumeist für immer von diesem Dienst entfernt. 1717 erwähnen die Protokolle des Bayerischen Franziskanerprovinzdefinitoriums, dass P. Marianus „mit Vorsicht" („cautela") aus dem Kerker entlassen werde, ihm aber dennoch „medizinische Strafen" („poenis medicinalibus") auferlegt blieben. Außerdem dürfe er nicht mehr die Beichte hören, müsse von der Klosterpforte ferngehalten werden und dürfe auch sonst das Kloster nicht verlassen.[172] 1714 wurde P. Pazifikus, der bereits acht Jahre im Kerker saß, wegen „besonderer und außergewöhnlicher Besserung" von seiner Strafe dispensiert, während ein anderer Bruder, dessen Name völlig unleserlich gemacht worden ist und der zu ewigem Kerker verurteilt war („poena perpetua carceris"), zu neun Jahren Kerker begnadigt wurde.[173] Vor allem für den letzteren Fall ist wohl Sodomie anzunehmen. 1732 wurden P. Crysanthius und P. Pazifikus zu zwölf Jahren Kerker verurteilt, von denen zehn Jahre ohne Bewährung waren. Bei Besserung war ein Nachlass von zwei Jahren möglich. Es scheint sich wiederum um ein Sexualdelikt gehandelt zu haben.[174]

Wie in einem weltlichen Kriminalprozess hatte man das Corpus delicti zu präsentieren. Wenn etwa ein Bruder angab, von einem anderen verletzt worden zu sein, wurde nach strikten Regeln die Wunde inspiziert.[175] Physische Gewalt wurde streng bestraft, vor allem, wenn sie sichtbare Wunden verursachte – ein Prinzip, das alle Ordensgemeinschaften teilten. Wenn die verwundete Partei allerdings dem Angreifer vergeben hatte und seine Identität schützen wollte, insistierte das franziskanische Kriminalrecht auf dem Vorrang des Gesetzes und drohte dem Opfer sogar die Folter an, um an die notwendige Information zu gelangen.[176] Sobald das Corpus delicti feststand, konnte der Richter im Prozess voranschreiten. In einem Informativprozess wurden nun die Zeugen des Vergehens befragt, bevor der Angeklagte gehört wurde. Der Richter durfte keine Suggestivfragen stellen, und der Protokollant (actuarius) musste die gesprochenen Worte auf das Genaueste festhalten; die Zeugen hatten ihre Aussagen zu unterzeichnen. Außerdem wurde geprüft, ob der Zeuge auch verlässlich und ehrenhaft war, ein *testis habilis*. Daher fragte der Richte zunächst generelle Fragen (generalia), etwa nach der Häufigkeit des Kommunionempfangs oder ob er jemals exkommuniziert gewesen sei etc. Erst danach wurde nach Specialia gefragt. Der Richter sollte aber nicht damit beginnen, den Zeugen über den Delinquenten oder das Verbrechen zu befragen, sondern mehrdeutig und langsam sich durch Fragen zum eigentlichen Verbrechen vortasten.[177] Wenn man keine ausreichenden Beweise vorbringen konnte, um einen Angeklagten zu überführen (*indicium proximum seu remotum*), obwohl es offensichtlich war, dass er das Verbrechen begangen hatte, konnte man einem Zeugen, der mitschuldig war, Haftverschonung zusagen, wenn er gegen die anderen Tatbeteiligten aussagte. Es gab also bereits eine Kronzeugenregelung! Ein solcher Zeuge bekam ein Immunitätsdekret ausgestellt, das vom Provinzial bestätigt werden und in den Provinzklöstern bekannt gemacht werden musste.[178]

Die Beweisaufnahme außerhalb des Klosters aber konnte sich als besonders schwierig erweisen, weil man ja unter allen Umständen vermeiden wollte, dass Laien etwas über die internen Probleme erfuhren und damit die Reputation des Ordens Schaden nehme. Sinistraris Handbuch enthält sogar ein Formular für den Fall, dass ein Prior eine Entjungferung durch einen Mitbruder zu untersuchen hat (*casus deflorationis*). In einem solchen Fall hatte der Richter eine zuverlässige Hebamme aufzusuchen, die einen Eid auf absolute Verschwiegenheit zu leisten hatte. Diese hatte nun die Sexualpartnerin des Mönches aufzusuchen und diese zu untersuchen; war die Frau noch Jungfrau, so war der sexuelle Akt offensichtlich nicht vollzogen worden, und folglich musste das Strafmaß angeglichen werden. Die Hebamme hatte gemäß ihrem Eid den guten Ruf des Mädchens und des Ordens zu wahren. Sie musste daher, sollte ein Laie ein Gerücht über das Verhältnis verbreiten, den Sachverhalt abstreiten und das (wahre) Gerücht als Lüge abtun.[179] Solche Anweisungen, die zumeist nur mündlich ausgesprochen wurden, hinterließen keine Aufzeichnungen, die der Historiker genauer untersuchen könnte. Allerdings ist das Material, das etwa Sinsitrari mit seinen Formularen bietet, außerordentlich reichlich. Es zeigt uns einen bisher vernachlässigten Aspekt in der Sexualitätsgeschichte auf: Die Oberen waren sehr daran interessiert, sexuelle Disziplin im Kloster zu bewahren. Die vehementen Bestreitungen von sexuellen Verfehlungen von Ordensangehörigen erscheinen nach der neuen Sachlage aber in einem anderen Licht. Während manche Anschuldigen und Gerüchte sicherlich falsch waren, muss man meines Erachtens nun doch eine weitaus größere Anzahl von Problemen und Vergehen in diesem Bereich annehmen.

Die Folter im Dienst der Beweisführung

Für den Fall, dass kein Geständnis vorlag, musste der Richter auf die Aussagen der Zeugen bauen. Um einen Fall annähernd aufzuklären (*semiplene*), was in einem summarischen Prozess genügte, in dem man die Schuld nicht über jeden Zweifel erhaben nachzuweisen hatte, reichte normalerweise eine Zeugenaussage aus. War der Zeuge von nicht ganz einwandfreiem Ruf, brauchte man aber zusätzliche Beweise. Sogar ein Zwanzigjähriger, wie Sinistrari betont, konnte Schlüsselzeuge sein, während eine Verurteilung aufgrund der Aussage von dreizehn- oder vierzehnjährigen Zeugen (*pubertatem egressus*) nur möglich war, wenn auch ältere Zeugen ihre Aussagen bestätigten. Das Zeugnis eines jungen Mädchens oder Jungen war ausreichend, wenn er oder sie einen ausgezeichneten Ruf hatte und der Beschuldigte einen schlechten.[180]

Wenn ein widerspenstiger Zeuge Wissen über ein Verbrechen abstritt, obwohl es als sicher galt, dass er es gesehen hatte, konnte das Gericht seine Folterung anordnen, um ihn zu einer Aussage zu zwingen. Folter als Mittel der Informationsgewinnung[181] wurde auch angewandt, wenn sich Zeugen in Widersprüche verwickelten. Sie wurde auch an einem von vornherein zurückhaltenden Zeugen angewandt, wenn keine anderen Zeugen vorhanden waren (*remedium subsidiarium in defectu aliarum probationum*). Dennoch war die Folter nach Sinistrari das bevorzugte Mittel, um einen Beschuldigten zum Geständnis zu bringen. Nur in außergewöhnlichen Fällen sollten Zeugen überhaupt gefoltert werden, und wenn, dann sollte ihr Schmerz objektiv stets geringer sein als der von Beschuldigten.[182] Die Kapitelsprotokolle der sächsischen Franziskaner von 1745 berichten vom Fall des P. Arcadius Parensen, dem wegen Unterschlagung, Habsucht, versuchter Apostasie und Gehorsamsverweigerung der Prozess gemacht wurde. Man beriet darüber, ob man die Folter anwenden sollte, um ein Geständnis „herauszuquetschen" (*extorquendam*). Man befragte Arcadius zuerst, ob er einen Anwalt zuziehen wolle (*habere advocatum velit*); der Beschuldigte meinte, dies sei nicht nötig, und gab sich auch freiwillig der Folter (*se offere ad tortura*) und dem Willen seiner Vorgesetzten anheim.[183]

Das weltliche deutsche Kriminalrecht, die *Carolina* von 1532, folgte der oben genannten Vorgehensweise, die auf traditionellem Kirchenrecht beruhte, und bevorzugte ebenfalls durch Folter zustande gekommene Geständnisse des Angeklagten.[184] Aufklärungsdenker wie Pierre Bayle (1647–1706) und Montesquieu (1689–1755) kritisierten allerdings den exzessiven Gebrauch der Folter und forderten auch ein angemessenes Verhältnis zwischen Verbrechen und Bestrafung. Seit etwa 1764 folgten auch einige katholische Aufklärer dieser neuen Geistesrichtung, vor allem der berühmte Rechtsphilosoph Cesare Beccaria (1738–1794), der in seinem Hauptwerk *Dei delitti e delle pene* die Abschaffung der Folter und der Todesstrafe einforderte und für eine menschlichere Behandlung von Gefängnisinsassen eintrat.[185] Nur wenige monastische Theologen, wie etwa der Augustiner Jordan Simon (1719–1776), nahmen die Ideen Beccarias positiv auf und hinterfragten den Wert der Folter auch in monastischen Kriminalprozessen.[186] Ein immer größer werdender Kreis von weltlichen Autoritäten stand nun für die inhuman behandelten Ordensleute ein; der Druck auf die Orden wuchs. Fälle von extremen Machtmissbräuchen und Misshandlungen wurden von Aufklärern gezielt an die Öffentlichkeit gespielt, um gegen die Klöster Stimmung zu machen. Die Habsburger Erblande waren unter den Ersten, welche gegen die klösterlichen Souveränitätsansprüche auftraten. Eine der führenden österreichischen Stimmen war die des Reformers Joseph von Sonnenfels (1733–1817), der die Abschaffung der weltlichen Folter in den Erblanden 1776 erreicht hatte.[187] Die leidenschaftlichen Attacken solcher Rechtsreformer sind allerdings verständlich, wenn man bedenkt, dass die Klöster sich in ihrer Haltung unbeweglich zeigten, unbeirrt an Sinistrari und dem alten Recht festhielten und die Entwicklung im Strafrecht rundherum ablehnten.

Sinistrari gab in seiner *Practica Criminalis* die Gründe für die Folter von Zeugen genau an und berief sich auf die Generalstatuten seines Ordens. Jedoch erlaubten diese die Praxis des Zufügens von Schmerz und physischen Zwanges nur für ruchlose, besonders schwere Verbrechen. Das heißt, die Statuten hatten zuvörderst die Bestrafung des Schuldigen und weniger die Erpressung eines Zeugen durch Folter im Auge. Sinistrari scheint aber, wie im Kirchenrecht der Zeit überhaupt, kaum zwischen Folter als Strafe und physischem Zwang zur Erzwingung eines Geständnisses unterschieden zu haben. Die Vorgehensweise für die Folter eines Beschuldigten zur Erpressung eines Geständnisses bzw. zu seiner Bestrafung liest sich wie folgt:

„Die peinliche Folter (*tortura*) sollte nur für abscheuliche und besonders schwere Verbrechen verwandt werden. Da es nicht genügend bekannt ist, wie man straffällig gewordene Ordensleute foltern (*torquendi*) solle, weisen wir hiermit an, dass bei einem unaussprechlichen Verbrechen (*nefandum*) der Ordensmann mit Feuer gefoltert werden solle. In den übrigen Fällen soll man den Delinquenten nackt, mit seinen Händen gebunden, gemäß der Entscheidung seiner Oberen dreimal auspeitschen und ihn bei Wasser und Brot fasten lassen. War es ein scheußliches Verbrechen (*atrox*), so kann der Richter, der den Fall untersucht, auch ein anderes Strafmaß gemäß seiner Einsicht und Entscheidung anlegen ..."[188]

Hierbei ist anzumerken, dass das hier angeführte *crimen nefandum* fast immer praktizierte Homosexualität bedeutete. Sinistrari betonte aber auch, dass die körperliche Züchtigung, wie etwa eine Auspeitschung, nicht länger als die dreifache Dauer der Rezitierung von Psalm 51 vollzogen werden dürfe. Seinen Angaben zufolge war diese Praxis allerdings im Italien des 17. Jahrhunderts schon nicht mehr gebräuchlich, sondern nur mehr in den Provinzen nördlich der Alpen und im Königreich Neapel (welches zu Spanien gehörte) in Gebrauch. Für den modernen Leser sicherlich erschreckend ist, dass auch geistig Verwirrte solchen extrem schmerzhaften Strafen unterzogen wurden, weil sie als Therapie angesehen wurden (durchaus auch in der weltlichen Medizin). Ein extremer Fall ist der des Serviten Candidus Maria Baldhauser, der im Kerker seines Klosters in Prag 1783 einsaß, obwohl Kaiser Joseph II. zehn Jahre zuvor die klösterliche Kerkerhaft aufgehoben hatte. Er wünschte nämlich den Orden zu verlassen, weil er zu den Ordensgelübden gezwungen worden sei. Der Orden beantwortete seinen Wunsch mit Arrest und der Anbringung von drei schmerzhaften, ins Fleisch gehenden Folterinstrumenten auf seinem Rücken. Weil man die Wunden nicht säuberte, fanden sich bald Maden darin. Der Prior bestand darauf, dass Candidus verrückt sei, während seine Eltern klarzumachen versuchten, dass ihr Sohn nur den Orden zu verlassen wünsche. Obwohl das Verhalten des Priors gegen geltendes Recht verstieß, konnten die Eltern ihren Sohn nicht aus seiner lebensgefährlichen Lage befreien. Was aus ihm später wurde, entzieht sich unserer Kenntnis.[189]

Keine weltliche Person (*neque per laicos saeculares posset administrari similis tortura*) durfte aber jemals einem Ordensmann diese Strafen zufügen; nur Ordensangehörigen war es erlaubt, die Bestrafung vorzunehmen.[190] Nur der Provinzial konnte auch solch harsche Strafen, die vom Richter ausgesprochen worden waren, bestätigen, zumeist in Konsultation mit dem Definitorium der Provinz. Allerdings war es dem Provinzial prinzipiell erlaubt, die Definitoren zu umgehen und stattdessen einfache Ordensmitglieder zu konsultieren, die in außerordentlich gutem Rufe standen.[191] Die *arctatio*, d. h. die Kerkerstrafe, oft verbunden mit Auspeitschung und strengem Fasten, war die geläufigste Bestrafung für schwere Vergehen. Während der Haftstrafe sollte der Delinquent aber im Unklaren darüber gelassen werden, wie lange seine Strafe eigentlich sei und wie viel er bereits abgesessen habe. Bei strenger *arctatio* wurden drei Tage in der Woche nur Wasser und Brot gereicht, und man erwartete die wöchentliche Selbstgeißelung mit einem Ochsenziemer im Speisesaal der Mönche, mit nacktem Oberkörper, nur mit einem Leinenschurz bekleidet. Während die reguläre Disziplinierung in einer regulären Zelle stattfinden konnte, war die qualifizierte *arctatio* nur in einer Vollzugszelle, die abgeschlossen werden konnte, möglich (*domus disciplinae*).[192] Für schwerere Verbrechen konnten Knöchelschrauben (*pertaxillis*) oder Fingerschrauben (*persibilis*) angelegt werden. Diese beiden Arten der Folter waren extrem schmerzhaft und durften nicht mehr als eine Stunde andauern und nicht mehr als dreimal wiederholt werden: das erste Mal für fünfzehn Minuten, das zweite für dreißig Minuten, das dritte Mal für eine Stunde. Die Knöchelschrauben waren kleine Würfel, meist aus Bein, die durch eine Holzschraube auf den Knöchel gepresst wurden (auf Italienisch: *la stanghetta*).[193]

Für die physische Bestrafung empfahlen die Kommentatoren des franziskanischen Rechts aber, stets einen weltlichen Anwalt, der verschwiegen war, zu Rate zu ziehen und einen Arzt präsent zu haben, der sicherzustellen habe, dass der Delinquent nicht während der Folter verstirbt.[194] Die mit Sicherheit grausamste Strafe war die sogenannte Feuerstrafe, die wir bereits zuvor erwähnten. Sie sollte nicht länger als sechs Minuten dauern.[195] Der Schuldige hatte mit entblößten Füßen, die in Schweinefett getaucht waren, in der Mitte des Raums zu sitzen. Dann wurde ein Topf mit glühenden Kohlen eine Hand weit von seinen Füßen aufgestellt. Die Absicht war es, „untolerierbaren Schmerz" zu verursachen. Sinistrari bezeichnete diese Strafe schon 1693 als zu barbarisch, zu gefährlich und zu antiquiert, und auch das weltliche Recht hatte sie lange abgeschafft.[196] Im franziskanischen Ordensrecht war sie vor allem für Akte der eigentlichen Sodomie, d. h. praktizierter Homosexualität, vorgesehen. Trotz der Bemerkungen Sinistraris scheint die Feuerstrafe aber dennoch ihre Anwendung bei den bayerischen Franziskanern bis mindestens 1745 gefunden zu haben. In den Protokollen des Definitoriums der Bayerischen Franziskanerprovinz findet sich nämlich der Hinweis, dass Frater Fridolin Schuster, der uns bereits wegen „Sodomie" und sexuellen Kontakten zu Frauen begegnet ist, 1746 wiederum Gegenstand von juristischen Beratungen war: Zwei Jahre zuvor war er aus dem Kerker befreit, dann aber gleich wieder eingesperrt worden, weil er wieder rückfällig (*reversus*) geworden war.[197] 1745 war er im Dezember wiederum der Sodomie angeklagt, und ein formaler Kriminalprozess war eingeleitet worden.[198] Er wurde zu fünfzehn Jahren Kerker verurteilt, von denen nur fünf Jahre nachgelassen werden konnten. Man war sich aber nicht sicher, ob die Strafe nach Abbüßung beendet sei und ob sie, wie das Ordensrecht vorschrieb, auch wirklich innerhalb des Ordens zu veröffentlichen sei. Offensichtlich scheute man sich, das Verbrechen zu benennen, was einen stichhaltigen Hinweis auf Homosexualität darstellt. Ferner beriet man im Definitorium, ob man „die Glutstrafe nicht weglassen" *(an ignes non sint ommittendi)* könnte. Die Antwort lässt den Historiker aufhorchen: Die Strafe sei anzuwenden zum „terror aliorum", d. h. zur Abschreckung, aber auch weil die Wiederholungstaten Schusters die strenge Strafe rechtfertigten. Zum zuständigen Aktuarius, welcher die Prozessakten notariell zu beglaubigen hatte, wurde der Provinzsekretär ernannt, dem der Schwur abgenommen wurde, treues Stillschweigen über den Fall zu bewahren *(tanto pectore juravit de servando silentio et fidelitate).* Der Eintrag macht stutzig, weil der Grund für die vorgeschlagene Weglassung der Glutstrafen geschwärzt wurde. Die Tatsache aber, dass es sich hier um den einzigen Eintrag über eidliches Stillschweigen handelt, deutet mit großer Sicherheit auf ein schwerwiegendes Sexualverbrechen hin, wohl homosexuelle Akte, die fast nie explizit benannt, sondern immer nur als „unaussprechliche" Taten bezeichnet wurden.[199] Ein paar Monate später bat Fridolin, von der „öffentlichen Buße" *(disciplina publica)* befreit zu werden, was aber nicht gestattet wurde. Die Feuerstrafe scheint also im Beisein der Mitbrüder vollzogen worden zu sein, oder es handelte sich hier um eine andere körperliche Züchtigung, etwa die Auspeitschung vor den Konventmitgliedern.[200] Der Fall Schuster scheint aber auch zu zeigen, dass die interne Machtkontrolle im Franziskanerorden manchmal (oder oft?) durchaus zu funktionieren schien, denn schon 1750 wurden die harschen Strafen gegen Fridolin, P. Ademar und einen weiteren Mönch in der Provinzleitung einer erneuten Prüfung unterzogen, nachdem ein Visitator dies verlangt hatte. Der auswärtige Untersuchungskommissar scheint demnach Teile des Prozesses für fragwürdig oder das Strafmaß für exzessiv befunden zu haben. Die Provinz revidierte nun in der Tat die Urteile: Ademar wurden fünf Jahre erlassen, und ebenso Fridolin Schuster.[201] Selten wurde, wie 1761, durch „einzigartige Gnade" eine Art Generalamnestie ausgesprochen, durch die alle seit 1747 Verurteilten je nach Schwere des Vergehens und Besserung entlassen werden konnten.[202] Amnestierte Mönche konnten aber bei wiederholter Tat desselben Verbrechens ihrer Amnestie verlustig gehen und mit dem doppelten Strafmaß bedacht werden.[203]

Eine anscheinend durch einen Franziskanerprior in Genua erfundene Folter wurde von Sinistrari als besonders „exquisit" angepriesen, da sie zwar großen Schmerz, aber keine bleibenden Schäden verursache oder das Leben des Mönches gefährde: Ein Attentäter wurde mit hartgekochten Eiern gefoltert! Die frisch aus dem Topf geholten Eier wurden in die frisch rasierten Achselhöhlen gesteckt und die Arme für die Dauer des Großen Glaubensbekenntnisses gegen den Körper gepresst.[204]

Die Befragung des Angeklagten

Nur wenn ein Fall teilweise bewiesen war (*semiplene*), konnte man den Verdächtigen offiziell befragen.[205] Es war zentral für den Prozess, dass der Beschuldigte gehört wurde, andernfalls konnte er nicht verurteilt werden. Wenn Fluchtgefahr bestand, wurde er vorsorglich arretiert. Wenn ein Beschuldigter erfolgreich entfloh, mussten die übrigen Klöster darüber informiert werden und ihn nach Ergreifen umgehend zurücksenden.[206]

Wenn ein Mönch nicht vor dem Richter erscheinen wollte, konnte er sofort als sturköpfig und ungehorsam (*contumax*) bezeichnet werden, was die Tatstrafe der Exkommunikation nach sich zog. Ein solcherart exkommunizierter Mönch musste dann gefunden und vor den Richter gebracht werden, der ihn zuerst vom Bann befreite, bevor er ihn verhörte und verurteilte. Mit dem Richterspruch befand er sich dann wieder in der Exkommunikation.[207] Ein Delinquent war unter Eid dazu verpflichtet, wahrheitsgemäß auszusagen. Reiffenstuel argumentierte in seinem Rechtskommentar, dass der Richter dem Angeklagten ruhig vormachen dürfe, dass alle seine Verbrechen bereits über jeden Zweifel hinaus bewiesen seien und dass er einen barmherzigen Richter finde, wenn er nur gestände.[208] Wenn nach solcher Zusicherung der Verdächtige immer noch seine Unschuld beteuerte und anstatt auf die Fragen des Richters zu antworten[209] verlangte, die Anklageschrift oder die Liste der Zeugen zu sehen, sollte der keinesfalls seinem Wunsch nachgeben. Eine Einsichtnahme in diese Unterlagen hätte dem Beschuldigten nämlich, so das damalige Rechtsdenken, erlaubt, sich effektiv zu verteidigen und auf Vorwürfe zu antworten (*facile praeparare se posset ad respondendum*). Allerdings verraten die Autobiografien von einstmals angeklagten Mönchen, dass man aus den Fragen des Richters durchaus die Anklage rekonstruieren konnte.[210] Wenn ein Beschuldigter zum Verhör gerufen wurde, wurde er jedes Mal vereidigt und darauf hingewiesen, dass bei drei eidlich falschen Aussagen ewiger Kerker drohe. Ein Kommentator des franziskanischen Rechts gibt durchaus zu, dass dieser Rechtsgrundsatz leicht missbraucht werden konnte: Ein Oberer, der von der Schuld eines Ordensmannes überzeugt war, hatte demnach nichts anderes zu tun, als ihn mehrmals unter Eid zu befragen und ihn nach dem dritten Eid in ständige Verwahrung zu nehmen, ohne weitere Prozessführung. Allerdings würde ein derartig handelnder Prior materiell zu einer Todsünde beitragen, nämlich zum wissentlichen Meineid, da er den Beschuldigten ja sozusagen in die eidliche Falschaussage getrieben habe.[211] Diese Problematik zeigt auf, dass anscheinend so manches Mal ein klösterlicher Kriminalprozess durchaus zu einer Karikatur des Rechts ausarten konnte, in der es nicht mehr um Wahrheit ging, sondern um reine Machtausübung.

Die Verteidigung des Angeklagten

Angeklagte Mitglieder von Ordensgemeinschaften hatten wie in anderen Prozessen gemäß dem Kirchenrecht das Recht auf einen Verteidiger. Dies war eine alte Errungenschaft der Inquisitionsprozesse und unterschied das Kirchenrecht vom weltlichen Recht der Staaten, wie etwa Englands. Dort gab es für Schwerverbrechen oder des Hochverrats Beschuldigte keine Verteidiger; erst im 18. Jahrhundert wurden diese zugelassen, und auch in Frankreich waren Verteidiger in derartigen Fällen durch das Dekret von Villers-Cotterets von 1539 verboten.[212] In einem klösterlichen Kriminalprozess war der *advocatus* natürlich stets ein Mitglied der Kommunität, sodass die Angelegenheit geheim blieb; dadurch wurde aber auch die Beschränktheit dieses Rechts deutlich, denn zum einen konnte ein Mitglied der Kommunität ja schlecht direkt gegen den Prior als Richter auftreten und ferner konnte man von einem in der Jurisprudenz unerfahrenen Mönch kaum eine gute Verteidigung erwarten.[213] Nur in außergewöhnlichen Extremfällen erlaubte das Ordensrecht, dass der Ordens-Advokat einen weltlichen

Anwalt um Rat frug; ein Richter konnte einen weltlichen Juristen nur dann befragen, wenn der Beklagte mit Galeerendienst, schwerem Gefängnis oder scharfer körperlicher Züchtigung bestraft werden sollte. Ein Anwalt konnte ebenso zu Rate gezogen werden, wenn sich ein Mönch außerstande sah, eine juridisch kompetente Verteidigung zu leisten; allerdings ist es fraglich, ob dies vom Richter als zureichender Grund akzeptiert worden wäre. Von diesen Fällen abgesehen, durfte ein Richter oder Advokat nie einen weltlichen Juristen um Rat angehen.[214] Es muss zu guter Letzt auch betont werden, dass der Advokat nicht wie im weltlichen Recht einen Eid leisten musste, die bestmögliche Verteidigung für seinen Mandanten abzuliefern, was in der Tat die ganze Fragwürdigkeit des franziskanischen Kriminalprozesses deutlich macht.[215]

Trotz des im Rechtsbuch festgehaltenen Rechts auf einen Verteidiger war diese Institution doch allem Anschein nach oft eine Farce. Nichts hielt einen Verteidiger davon ab, im Geheimen für den Richter und damit die Anklage zu arbeiten und so die Verteidigung zu sabotieren. Einen solchen Fall berichtet uns der Kapuziner Mansuet Oehninger (1713–1778) aus Würzburg. Da er 1753 dreimal nicht zu einem Verhör erschien, in dem er über die Anklage, er störe den Frieden der ganzen Ordensprovinz und verursache einen Skandal, vernommen werden sollte, wurde er zum „Trotzkopf" (contumax) erklärt, was ihn aller seiner Verteidigungsrechte in einem Prozess beraubte. Er wurde jetzt umgehend arretiert. Zwei Jahre später, sofort nach seiner Freilassung aus dem Kerker, wurde er umgehend wieder eingesperrt. Diesmal lautete die Anklage auf versuchte Brandstiftung. Dieses Mal hatte Mansuet einen Verteidiger, doch dieser hatte keine Erfahrung in juristischen Dingen und wagte es nicht, gegen den Provinzial, der die Richterfunktion innehatte, aufzutreten. Während des Prozesses wurde Oehninger dann der Verteidiger wegen Missachtung des Gerichts entzogen und er wurde als Trotzkopf wieder in den Kerker eingewiesen.[216] Da er aber nun Berufung einlegte, wurde die Strafe verdoppelt![217] Dies war nichts Ungewöhnliches. Da Berufungen ohne juristische Grundlage als „frivol" und ungehorsam betrachtet wurden, wurden diese immer mit einer Verschärfung des Strafmaßes beantwortet.

Santoro de Melfi, einer der berühmtesten Franziskaner-Kanonisten, bestätigt selbst, dass es praktisch unmöglich sei, als Inkarzerierter Gerechtigkeit zu erlangen, weil der zuständige Prior alles tun würde, um eine ungerechtfertigte Gefängnisstrafe abzustreiten, da er ja sonst selbst eines Verbrechens schuldig wäre. Außerdem sei es extrem selten, dass ein Oberer inkarzeriert würde, es sei denn, dass sein Verbrechen offensichtlich sei. Die einzige Instanz, auf die ein unschuldig Verurteilter demnach hoffen konnte, war der Provinzial oder ein offizieller Visitator.[218] Es wird demnach sehr deutlich, dass der Prior in einem Franziskaner- oder Kapuzinerkloster geradezu diktatorische Vollmachten genoss. Ein besonders tragischer Fall verdeutlicht dies. Pater Anianus Horn (1683–1750) von den Bamberger Kapuzinern hatte lange Jahre als Professor der Theologie und Philosophie in seinem Kloster gedient. Dennoch wurde seine Einstellung zum Finanzgebaren der Provinz, speziell zu ihren Investitionen, kritischer. Dies ging so weit, dass er die Provinz anklagte, das Armutsideal ihres Ordensgründers Franziskus zu verraten. Horn schrieb im Jahr 1720 einen Brief an den Generalminister des Ordens in Rom. Oehninger berichtet, dass der Generalminister Horn für seinen Bericht gelobt und ihn gebeten habe, Beweise für seine Anschuldigungen zu sammeln. Der Provinzial in Franken aber verbot weitere Untersuchungen. Da Anianus aber seinem Gewissen folgte und weiterstocherte, wurde er von seinem Oberen als ungehorsam und trotzig gebrandmarkt. Ohne Prozess konnte er so 1721 eingekerkert werden. Da Horn aber eine wohlbekannte Person in Mergentheim war, wurde er in das Klostergefängnis von Ochsenfurt verlegt, wo er täglich ausgepeitscht wurde.[219] Eines Tages aber – die Quellen widersprechen sich hier, und man muss entweder das Jahr 1726 oder 1736 annehmen – ließ der Wärter die Tür unverschlossen, sodass Anianus aus dem Kerker und dann über die Gartenmauer entkommen konnte. Er reiste zuerst in seine Heimatstadt Karlstadt, wo seine Familie zu den Honoratioren gehörte, dann mit der Hilfe eines Pfarrers nach Würzburg, um beim dortigen Weihbischof Johann Bernhard Mayer (1704–1747) die Kapuzinerprovinz anzuklagen. Nach Oehninger entkam Horn sogar zweimal dem Kerker und legte beide Male beim Weihbischof persönlich Berufung ein; doch dieser übergab den Kapuziner beide Male seinem Oberen, da die Kapuziner durch päpstliches Dekret exemt von der Rechtsprechung der Bischöfe waren.[220] Horn wurde nun in Würzburg im Kerker inhaftiert und bis zu seinem Tod 1750 mit körperlicher Züchtigung „behandelt".[221] Nur kurz vor seinem Ableben, das wohl auf eine zu schwere Auspeitschung zurückzuführen ist, wurde ihm die Erlaubnis zur Beichte gegeben – das erste Mal seit 1724. Er soll dies abgelehnt haben.[222] Dies wurde als Rechtsgrundlage angesehen, Anianus als unbußfertigen Sünder unter dem Garten-Kompost zu verscharren und nicht in geweihter Erde. Wenn man ferner den Hass der Mönche mit einkalkuliert, der aufgrund der Abweisung der Beichte erfolgte, wird auch der Bericht glaubhaft, dem zufolge man es nicht für notwendig erachtete, einen Schlosser damit zu beauftragen, die Hand- und Fußfesseln zu öffnen, da der Schlüssel nicht aufgefunden werden konnte; vielmehr sägte man dem toten Mönch lieber Hände und Füße ab, um ihn aus dem Kerker transportieren zu können.[223] Ein Leserbrief an eine fränkische Zeitung von einem Definitor des Kapuzinerordens aus dem Jahr 1791 verteidigt den Orden und das Begräbnis im Garten, versucht aber klarzumachen, dass eine Beerdigung in der Krypta Aufsehen und öffentlichen Skandal verursacht hätte. Er gibt ebenso den Verlust des Schlüssels zu, hält aber daran fest, dass die Fesseln mit Gewalt aufgebrochen wurden. Vehement weist er aber den Vorwurf ungerechtfertigter Einkerkerung zurück und besteht darauf, dass der Mönch angemessen und „sanft" behandelt wurde.[224]

Auf den ersten Blick also scheint es so – und die meisten Historiker sahen es ebenso –, dass der Ex-Mönch Oehninger aus Hass die Geschichte seines Mitbruders Anianus erfunden hätte; sie wäre dann nur ein weiteres Stück antiklösterlicher Literatur und in ihren grausamen Ausmalungen Fiktion. Historiker schenkten der wohltemperierten Darstellung des Kapuziner-Definitors Glauben, der Anianus als geistig verwirrt bezeichnete und sogar öffentlich erklärte, dass er außergewöhnlich gut behandelt und nie geschlagen wurde.[225] Allerdings – was könnte man von einem offiziellen Ordensvertreter auch anderes erwarten? Die Regeln des Ordensrechts verboten es ja, irgendwelche Geheimnisse über die innere Disziplin oder gar Informationen, welche dem Ansehen des Ordens schaden könnten, an die säkulare Welt weiterzugeben. Außerdem hätte die Aussage, eine öffentliche Beerdigung für Anianus hätte einen Skandal erzeugt, stutzig machen müssen. Warum sollte die Beisetzung eines friedlich eingeschlafenen, geistig verwirrten und immer gut versorgten Ordensmitglieds einen Skandal erzeugen? Doch wohl nur, wenn der offen aufgebahrte Leichnam einen ausgezehrten, grob vernachlässigten oder vielleicht sogar schwer vernarbten Mönch sichtbar machen würde. Die Ordenssatzungen machten es zwingend notwendig, dass ein Oberer die Wahrheit verbog, um Schaden vom Orden abzuwenden.

Glücklicherweise fand sich aber auch eine unabhängige Quelle, nämlich die Chronik-Aufzeichnungen des Domvikars Johann Andreas Geissler (1705–1779), welche Oehningers Aussagen weitgehend bestätigen. Das Wichtigste ist wohl, dass Geissler bestätigt, ein alter Kapuziner sei in Würzburg eingekerkert, nicht weil er verrückt sei oder Visionen habe, wie manche behaupteten, sondern „weil er eine These vertrete" (propositionem) und nicht willens sei, über diese Schweigen zu bewahren, aus Gehorsam gegenüber seinem Gewissen. Er bestätigt, dass der ehrbare P. Anianus nach seiner Flucht aus Ochsenfurt zum Weihbischof kam, aber wegen seiner Wunden nicht fähig war zu gehen und vor ihn getragen werden musste. Er bestätigt ferner, dass diese Behandlung durch einen tyrannischen Oberen angeordnet war und dass die Hiebe in keinem Verhältnis zum vorgeschobenen Verbrechen standen. Die ungerechte Behandlung des Mönches und seine Unterbringung in einem fensterlosen Kerker und nicht, wie man der Öffentlichkeit weiszumachen versuchte, in einem hellen, sonnigen Zimmer, ist dort ebenfalls belegt.[226] Auch die Aussage des Definitors, dass Anianus gute Speisen erhalten habe, erscheint höchst fraglich. Die Kapitelsakten der sächsischen Franziskanerprovinz bezeugen, dass Häftlinge, denen man schwere Verbrechen, wie etwa das des Anianus (zumindest in den Augen des Ordens), zu Last legte, keinesfalls die gleichen Speisen bekamen: Ferdinand Milander wurde 1687 wegen Apostasie zu Kerkerhaft verurteilt und seines Habits beraubt (privatu habitu). An drei Tagen in der Woche musste er bei Wasser und Brot fasten. Und nur an einzelnen Feiertagen im Jahr sollte er Bier und Brot bekommen.[227]

Der Fall des Anianus Horn war nicht der einzige. Auch in anderen Orden war das Verfassen von Beschwerdebriefen, vor allem an staatliche Obrigkeiten, ein schweres Vergehen, da man ja die Reputation des Ordens schädigte. Es wurde in Einzelfällen sogar schwerer bestraft als Vergewaltigung oder Unzucht, wie die Praxis der Befreiungen von P. Ademar Holzapfel und anderen aus dem Kerker zeigt. 1734 wird bei den bayerischen Franziskanern ebenfalls ein P. Anianus angezeigt. Sein Verbrechen bestand darin, gefährliche Briefe an weltliche Personen, darunter auch an den Kaiser, geschrieben zu haben, trotz mehrfacher Ermahnung. Ein formaler Prozess befand ihn für schuldig, aber aufgrund seiner Undankbarkeit wurde der ursprünglich vorgesehene Nachlass von fünf Haftjahren zurückgenommen: Nunmehr wurde er, der sich seit dem 10. Dezember 1717 in Haft befand, zu dreißig Jahren Haft verurteilt, damit er nie mehr aus dem Kerker entlassen werden könne, weil er zu „gefährlich" sei.[228]

Urteil, Strafen und Berufungsmöglichkeit

Das Urteil in einem Prozess war entweder ein Freispruch oder eine Verurteilung. Der Richter war bei den Mendikanten, also den Bettelorden, der Provinzial oder sein ernannter Vertreter, in den Prälatenorden der Abt. Delinquent und Advokat hatten für die Urteilsverkündung anwesend zu sein.[229] Es ist ein außergewöhnlicher Glücksfall für den Historiker, dass uns aus Benediktbeuern ein solches Urteil erhalten blieb. Am 12. April 1753 verurteilte der Abt den Mönch Bernard Weinberger (1711–

1793). Die lateinische Erklärung der Strafen umfasst fünf Seiten.[230] Sie zeigt an, dass das Urteil durch einen Inquisitionsprozess zustande kam. Im Namen der heiligsten Dreifaltigkeit werde Weinberger durch den Abt als ordentlichen Richter (*judex ordinarius*), nach Konsultation mit allen Mönchen, für die Vorbereitung des Glaubensabfalls (Apostasie) und der Flucht, sowie für bereits drei erfolgte Klosterfluchten, für die Äußerung häretischer Thesen und ihrer Weitergabe an Kinder und Jugendliche, für Aberglaube und Magie, für Unzucht mit zwei Schwestern (*de lapsu carnis cum duabus sororibus*), für das Schreiben von Liebesbriefen, schwere Verletzungen der Klausur (*violationae clausurae*) etwa durch das Nächtigen von Frauen in seiner Zelle, für die Drohung mit Brandstiftung, für das Schlagen des Klosterjägers (*percussionem*), das Brechen des Armutsgelübdes, den Besitz von Waffen (*arma clam in cella detenta*), und für Sakrileg verurteilt. Letzteres wog besonders schwer, weil er die Frauen, mit denen er Verkehr gehabt hatte, im Beichtstuhl von der Sünde der Unzucht losgesprochen hatte. Weinberger konnte zu seiner Verteidigung nichts weiter vorbringen, als dass die Anschuldigen allesamt erlogen seien, gab aber schlussendlich alle Taten zu, da glaubhafte Zeugen präsentiert werden konnten. Für Apostasie und Häresie wurde er auf ewig in seine Zelle verbannt, wobei ein Fuß an der Kette liegen sollte, um einen Ausbruch und weitere Skandale zu verhindern. Außerdem sollte er bis zu seinem Tod als „incorrigibilis", d. h. als unverbesserliches und nicht rehabilitierbares Subjekt, angesehen werden, das nie in den Genuss einer Amnestie kommen dürfe. Für die Verbrechen der Unzucht und der Verletzung der Klausur wurde er bis zu seinem sechzigsten Geburtstag mit strengem Fasten bestraft; an zwei Tagen der Woche sollte er nur Wasser und Brot erhalten. Auch an hohen Festtagen sollte er keinen Wein erhalten. Erst vom einundsechzigsten Lebensjahr an durfte er wieder normale Speise bekommen. Für das Verbrechen des Sakrilegs und die Absicht der Eheschließung sowie der Brandstiftung des Klosters wurde er exkommuniziert (*excommunicatione majori*). Die Strafe wurde verlesen und im Kloster publiziert (*publicata*), war vom Abt gesiegelt und von ihm sowie zwei Assessoren, dem Aktuarius und zwei Zeugen unterschrieben.[231]

Bei der Durchsicht der Protokolle der Bayerischen Franziskanerprovinz kann man ähnlich harsche Strafen entdecken. Der Grundsatz der franziskanischen Rechtsprechung scheint seit 1734 gewesen zu sein, eher von den Längen der Haftstrafen zu dispensieren als von ihrer Härte, besonders was das auferlegte Fasten anbetraf.[232] In den Protokollen der Franziskanerprovinz Saxonia finden sich weitaus weniger Kerkerstrafen verzeichnet als in der bayerischen Provinz. Auch wurden in der Sächsischen Franziskanerprovinz die Namen der Delinquenten in den Protokollbüchern nicht geschwärzt. 1754 wurde etwa eine Strafe gegen Frater Eustachius Bösing verkündet. Er hatte neun Jahre Kerker wegen verschiedener Verbrechen zu erdulden, welche im Prozess aufgedeckt wurden. Das Kapitel der Provinz beriet nun aber darüber, ob man wegen der Schwere der Verbrechen und aufgrund der Tatsache, dass diese trotz ständiger Ermahnungen und ständiger Ortsversetzungen („translationibus") über Jahre hinweg begangen wurden, den Delinquenten nach Abbüßung seiner Strafe nicht weiter in Haft halten solle, bis sichtbare Zeichen der Besserung erkennbar seien – also eine Art Sicherheitsverwahrung.[233] Ob man diesem Vorschlag zugestimmt hat, ist allerdings nicht bekannt.

Grundsätzlich waren ein Einspruch gegen ein Urteil und Berufung durchaus möglich, allerdings hatte dies innerhalb von zehn Tagen nach Urteilsverkündung zu geschehen.[234] Das Berufungsansinnen war aber, wie bereits erwähnt, oft genug eine Absurdität, da man den Einspruch an den eigenen Oberen richtete, der ihn an den Nächsthöheren weiterzureichen hatte. Allerdings war es wenig wahrscheinlich, dass ein Mendikantenprovinzial vom General in Rom deutlich zurechtgewiesen und sein Urteil völlig infrage gestellt wurde. Es kam vor, dass es Hafterleichterungen aufgrund solcher Berufungen gab, und manches Mal eine Amnestie, aber seltenst einen Freispruch. Dies hängt wohl damit zusammen, dass der General den lokalen Oberen als besseren Kennern des Personals vertrauen musste.[235] Sogar der franziskanische Kirchenrechtler Sinistrari gab im 17. Jahrhundert unumwunden zu, dass Obere durch ihre Freunde zu Richtern ernannt würden und dass man bei einer Berufung an den Generalminister keine Gerechtigkeit erwarten dürfe.[236] Dies umso mehr, als der lokale Obere ein Berufungsansinnen leicht sabotieren konnte: Wenn er es nämlich als ungerechtfertigt ansah (*appellatio frivola*), konnte er die Weiterleitung nach Rom abblocken und stattdessen die Strafe des Verurteilten verdoppeln. P. Eulogius – sein Vergehen ist nicht bekannt – appellierte etwa 1737 gegen seine Verurteilung an die Provinzleitung der Bayerischen Franziskaner, obwohl man ihm zuvor seine ewige Kerkerstrafe in eine zehnjährige Haft umgewandelt hatte unter der Bedingung, dass er die Provinz nicht weiter mit seinen Bittschriften „belästige".[237] Da er aber weiter Berufungsansinnen vorbrachte, überlegte man, ob man die Strafverkürzung rückgängig machen solle.[238]

Alle Berufungsansinnen oder Beschwerden an einen staatlichen Souverän waren in allen Orden automatisch als ungerechtfertigt anzusehen, außer bei den Theatinern und Somaschern.[239] Der Rekurs an den Souverän, der *recursus ad princi-*

pem, war bei den Kartäusern ein Verbrechen, das lebenslange Einkerkerung und Exkommunikation nach sich zog. Als der Habsburger Hof in Wien von diesem Statut durch Beamte in Freiburg im Breisgau erfuhr, obwohl es seit Generationen im Druck vorlag, proklamierte Erzherzogin Maria Theresia am 20. Dezember 1779, dass derartige Regeln, die staatlichem Gesetz widersprachen, hiermit abgeschafft seien.[240] Die Serviten, welche eine ähnliche Regel hatten, blieben unentdeckt, obwohl auch ihre Satzungen publiziert vorlagen.[241]

Die schwersten Strafen waren Kerker, Galeerendienst (*triremes*), Entlassung aus dem Orden (selten) und Exil in einer anderen Ordensprovinz. Das Gefängnis war definiert als Ort der Verwahrung ohne Kapuze, Cingulum und Tonsur und daher als ein Ort der Schande.[242] Auch in einem Frauenkonvent konnte man eingekerkert werden, etwa für ständige Missachtung des Gelübdes der Armut. Nonnen, die sich besserungsresistent zeigten, wurden beständig im Kerker verwahrt.[243] Die Priorin der Augustinerinnen in Worms, Catharina Antonia Reiderin, berichtete am 30. September 1778, dass ihr Kloster zwei Kerker besitze. Einer befinde sich vier Treppen unterhalb der Erde und sei ohne jedes Tageslicht, der andere sechs Treppen über der Erde – dies war eine Disziplinierungszelle. Allerdings gab sie an, dass in beiden Räumen niemand eingesperrt sei und auch keine ihrer Schwestern eine solche Strafe verdiene.[244]

Der Galeerendienst war nur für Mönche vorgesehen. Er war die Bestrafung für schwere Unzucht (ab der dritten Tat), Sakrileg, physische Gewalt gegen den Provinzial (*percutio*). Daneben musste bei den Franziskanern jeder, der den Generalminister des Ordens schlug, und sei es auch nur durch eine Ohrfeige, zum Galeerendienst verdammt werden (*omnino condemnandus est*).[245] Diese Art der Bestrafung verbreitete sich von Spanien und Italien kommend über Frankreich bis nach Nordeuropa. Im staatlichen Recht kann sie 1520 in den Niederlanden und in den 1550er-Jahren in den Habsburger Landen entdeckt werden.[246] Wenn ein Mönch zum Galeerendienst verdammt wurde, dann wurde er vor versammeltem Konvent degradiert. Nach einer Rede des Priors wurde sein Habit abgenommen und sein Kopf glatt rasiert, um seine Tonsur unkenntlich zu machen, es wurden ihm weltliche Kleider ausgehändigt und erst dann wurde er der Marine übergeben.[247] Diese Degradierung war notwendig, um sicherzugehen, dass unter den Galeerensklaven und auch sonst niemand von der Identität des Verbrechers erfuhr, was der Reputation des Ordens schweren Schaden zugefügt hätte. Wie jeder andere Verbrecher hatte er geschorenes Haar und weltliche Kleider und war demnach nicht mehr als Ordensmann erkennbar. Leider ist mir bisher kein Fall eines zum Galeerendienst verurteilten Mönches bekannt geworden, was aber nicht allzu sehr überraschen sollte, da solche Fälle oft als Schandflecke aus dem institutionellen Gedächtnis getilgt wurden. Daher ist es aber auch nicht ersichtlich, wohin man etwa aus deutschen Landen straffällig gewordene Mönche versandt hätte, vor allem in der zweiten Hälfte des 18. Jahrhunderts, da die Habsburger Lande bereits 1748 die Strafe verboten, und Venedig, das ein Hauptumschlagplatz für Galeerenhäftlinge war, im Jahr 1762.[248] Es steht zu vermuten, dass der Galeerendienst durch lebenslangen Kerker ersetzt wurde.

Bei der Degradierung vor der Exekution eines Priesters ging man genauso vor. Ein solcher Fall ist uns aus Lüttich (heutiges Belgien) für das Jahr 1786 überliefert. Der Priester Pierlot fand sich in derartigen Geldnöten, dass er die zwei Töchter eines reichen Ehepaares sowie deren Vater erstach. Erst als er auch noch einen anderen Priester ermorden wollte und diesen bereits zu Boden gestreckt hatte, erhielt er Gegenwehr. Der Priester Songne fasste Mut „und fiel über den Mörder her, den er für wahnsinnig hielt, packte ihn und warf ihn zu Boden, worauf Pierlot um Gnade bat und eiligst entfloh"[249]. Der Mörder ging zu seiner Tante nach Spa, der er seine Taten beichtete, und blieb bei ihr etwa acht Tage. In Trois-Vierges fand er inkognito im Kapuzinerkloster Unterschlupf, bis er durch einen Haftbefehl des Bischofs von Lüttich erkannt, verhaftet und den weltlichen Autoritäten ausgeliefert wurde.

„Man führte ihn in schwarzer Kleidung mit einem Überwurf auf einem Karren nach dem bestimmten Ort und stellte ihn unten an die Treppe der Kirche St. Lambert, wo eine Art von Altar aufgerichtet war, worauf sich ein Kelch und alle Kleidungsstücke eines Messe lesenden Priesters befanden. Nachdem Pierlot dieselben angezogen hatte, kamen der Weihbischof von Lüttich und die Äbte von St. Gilles und St. Jacob in Begleitung des Offizials und seiner zwey Fiskals, vier abgeordnete Ratsherren. Pierlot kniete nun nieder, und der Weihbischof stellte ihm in der nachdrucksvollen Rede die Größe seiner Verbrechen vor, wodurch er sein Amt entheiligt hatte, und kündigte ihm an, dass er jetzt degradiert und der Rache der Gesetze überliefert werden sollte. Die Degradation wurde dann mit den gewöhnlichen Ceremonien vollzogen; man schabte ihm die Finger und Tonsur und zog ihm die priesterliche Kleidung aus. Endlich sagte der Weihbischof zu den abgeordneten Ratsherren, nach dem gewöhnlichen Formulare, er übergebe den Gefangenen ihren Händen, empfehle ihnen aber die Gelindigkeit zu gebrauchen und so viel als möglich der Vergießung des Bluts zu schonen."

Am nächsten Tag wurde er bereits zum Tode verurteilt:

„Er soll auf einer Schleife nach dem Gerichtsplatz gebracht, und auf dem Wege dahin achtmal mit glühenden Zangen gezwickt werden; er soll dann auf ein Kreuz gebunden werden, und allda sollen ihm

Arme und Beine entzwey geschlagen werden, worauf der noch lebende Körper auf das Rad geflochten und erst nach 4 Stunden vollends getötet werden soll.' Dieses Urtheil wurde am 24. Februar 1786 vollzogen. Der Unglückliche hielt es mit unbegreiflicher Standhaftigkeit, ohne einen Wehlaut aus; doch zeigte er sich reumüthig und andächtig. Ungefähr eine Stunde lag er auf dem Rade, als er aus besonderer Gnade des Fürsten nachher erwürgt wurde."[250]

VI. Physische Gewalt in Frauenklöstern

Während Ohrfeigen und Faustkämpfe weniger gravierende Umstände waren, die eine Bestrafung erforderten, konnten selbst in einem Frauenkloster ernste Fälle physischer Misshandlung vorkommen. Das Schlagen eines Klerikers wurde etwa mit Exkommunikation bestraft, und auch außerhalb eines Klosters streng geahndet. Die Piaristen, ein post-tridentinischer Orden, hatte ähnlich strenge Regeln wie die Franziskaner. Selbst leichte Ohrfeigen (*leviter percutere*) wurden zumindest mit einem Monat Kerker bei der ersten Tat bestraft. Wenn man ein Stück Holz benutzte oder gar einen Stein, um einen Ordensmann zu verletzen und ihm eine Wunde zuzufügen, konnte man mit bis zu sechs Monaten Kerkerhaft bestraft werden, bei schweren Wunden sogar mit einem Jahr.[251] Je größer der physische Schmerz und die verursachte Wunde, desto schwerer wurde der Täter bestraft. Wenn daher ein körperlicher Angriff mit der beständigen Verkrüppelung eines Gliedes oder gar Tod endete, konnte der Angreifer zum Galeerendienst verurteilt werden.[252] Orden, die in der Krankenpflege tätig waren, waren daran interessiert, von vornherein auszuschließen, dass eines ihrer Mitglieder Anleitung zu einer Abtreibung gäbe oder sogar an einer mitwirke. Wenn der Ordensmann dennoch an einer solchen beteiligt war und das Kind starb, wurde er klosterintern als Mörder angeklagt.[253] Beim Krankenpflegeorden der Kamillianer war außerdem der Besitz von Waffen ein kerkerwürdiges Verbrechen.[254] Als der Erzbischof von Mainz 1770 die deutschen Franziskaner nach ihren Bestrafungspraktiken befragte, da man ihm den bereits oft erwähnten *Criminalprocess* hinterbracht hatte, gaben die Mönche aber an, dass sie derartige Strafen nie angewandt hätten. Nur in Spanien und dann auch nur vor Hunderten von Jahren seien diese gebräuchlich gewesen, aber nie in deutschen Landen! Es braucht nicht weiter ausgeführt zu werden, dass es sich hierbei um eine glatte Lüge handelte.[255]

Die Gefängnis- und Körperstrafen waren allerdings weniger streng für Nonnen und Schwestern.[256] Das kirchliche und weltliche Recht beschützte sie aber in besonderer Weise. Ein Laie, der eine Nonne schlug oder verletzte, wurde von weltlicher und geistlicher Gewalt gleichermaßen belangt. Die einzig legitime Art, eine Klosterfrau zu züchtigen, bestand darin, diese zu disziplinieren oder ihr Verhalten zu korrigieren. Novizinnen durften von jeder Schwester geschlagen werden, eine Professschwester aber nur von der Äbtissin oder einer von ihr ernannten Delegatin.[257] Auch physische Misshandlungen durch Mitschwestern wurden geahndet. Warf man etwa ein Buch oder einen Stein nach einer Schwester und verletzte sie, wurde man belangt, aber auch und selbstverständlicherweise für versuchte Tötung. Dass Letztere auch in Nonnenklöstern vorkam, belegt der Fall eines Mordes im Prämonstratenserinnenkloster von Łęcycza, Polen, wo 1683 Beata Garwanksa den Schädel der Priorin mit einem Bettwärmestein einschlug und die immer noch atmende Nonne anschließend mit einem Kissen erstickte.[258] Das Tatmotiv lag in der Entdeckung einer Liebschaft zwischen Beata und dem Klosterbeichtvater. Eine interessante Anwendung der Selbstverteidigung einer Nonne findet sich in der moraltheologischen Literatur der Zeit, nämlich zur Frage, ob es erlaubt sei, eine Abtreibung eines „foetus inanimatus", d. h. eines unbeseelten Foetus (bis zum vierzigsten bzw. neunzigsten Tag), vorzunehmen. Einige Moraltheologen hatten nämlich argumentiert, dass die Nonne, die vergewaltigt worden war, nur einen Akt der Selbstverteidigung vornehme und versuche, ihren Ruf sowie den des Ordens zu schützen.[259] Doch bereits im 18. Jahrhundert war diese Lehrmeinung eine Ausnahme.

Ein gutes Beispiel für die Strafkultur in einem Nonnenkloster finden wir in dem adeligen Benediktinerinnenkonvent von Oberwerth bei Koblenz. Die Nonnen, die einen komfortablen Lebensstil genossen und keinerlei monastischer Strenge oder Askese unterworfen waren, waren überrascht, als im achtzehnten Jahrhundert eine der ihren, die Äbtissin Maria Leopoldina Aloysia von Boineburg (1773–1791), die Zügel anzog und plötzlich klösterliche Strenge in den Konvent bringen wollte. Ursprünglich war Franziska von Wangen (1764–1813)[260] wohl eine geeignete Kandidatin für das Kloster gewesen. Als sie sich 1784 bewarb, betonte sie, dass sie von Gott zum Klosterleben berufen worden sei, nicht nur vor den Nonnen, sondern auch vor den anwesenden bischöflichen Kommissaren.[261] Nach ihren Gelübden setzte aber ein dramatischer Wandel ein. Wangen wurde hoch depressiv und äußerte stetig ihre Unzufriedenheit und ihre Glücklosigkeit. Die klösterliche Strenge scheint die Situation nur noch angeheizt zu haben. An einem Februartag vor 1791 – ein genauer Zeitpunkt ist nicht benennbar – versuchte Wangen schließlich in einem Akt von Verzweiflung, Äbtissin und Priorin zu vergiften. Allerdings wurde das Komplott aufgedeckt – wohl aufgrund des Geschmacks des Giftes. Die Äbtissin flehte daher Erzbischof Clemens Wenceslaus von Trier (1768–1803) an, die junge Frau in ein anderes Kloster strafzuversetzen, und empfahl das Kloster der Franziskanerinnen in Andernach, das bereits mehrere solche Logiergäste – wohl kriminelle oder unkorrigierbare Nonnen – habe.[262] Wangen schrieb nun ihrerseits dem Erzbischof, er möge sie doch aus dem Gefängnis, in dem sie seit Februar und daher über fünf Monate sitze, befreien, und bat um Gnade wegen ihres Verbrechens, das aus jugendlichem Eifer und Unklugheit verübt worden sei.[263]

Clemens Wenzeslaus befreite von Wangen, aber sandte sie in der Tat nach Andernach, wo sie in einer besonderen Zelle Buße für ihren Mordversuch tun sollte. Ihr wurde das Leben einer armen Franziskanerin verordnet, und sie musste dem strengen Reglement des dortigen Klosteralltags folgen. Alle drei Monate hatte die Priorin von Andernach einen Bericht über die Besserung der Nonne an den Erzbischof zu senden.[264] Zu einem unbekannten Zeitpunkt wurde von Wangen wieder in die Kommunität reintegriert. 1791 übernahm eine neue Äbtissin, Maria Carolina de Feignies de l'Atre (d. 1802), das Ruder des Klosters, nachdem von Boineburg (eines natürlichen Todes) verstorben war. 1798 wurde schließlich der Konvent in den Unruhen der Koalitionskriege nach Kamp verlegt, da französische Truppen Oberwerth besetzt hielten. In dieser bedrängenden Lage beantragte de Feignies nun die Entlassung von Wangens. Etwas Unerhörtes war vorgefallen. Die öfters stattfindenden Besuche von Wangens – jedes Mal ohne Erlaubnis der Klosterleitung – in Koblenz und Kamp erregten nun öffentliches Aufsehen, auch weil jedermann wisse, dass sie bereits zwei Kinder geboren habe. Nun sei sie hochschwanger mit dem Kind eines französischen Offiziers! Der Erzbischof von Trier gestattete aber keine Entlassung. Als von Wangen aber wiederum ohne Erlaubnis das Kloster verließ, um hochschwanger ihren Liebhaber aufzusuchen, wurde Feignies die Erlaubnis erteilt, der lasziven Nonne bei ihrer Rückkehr den Zugang zum Kloster zu verweigern. Die Äbtissin zog es vor, dass die ehemalige Mitschwester ihr Kloster in Koblenz in Verruf brachte, anstatt sie in der Kommunität zu haben, wo sie anscheinend einen weitaus schädlicherem Einfluss ausübte. Der Erzbischof erließ auch ein Dekret des Inhalts, dass, sollte von Wangen zurückkehren, sie auf ewig inkarzeriert werden solle.[265]

Ein völlig anders gelagerter Fall, der von klösterlichem Fanatismus und unmenschlicher Behandlung bei abwesender Schuld einer Ordensschwester berichtet, stammt von der adeligen Zisterzienserinnenabtei Machern an der Mosel, ebenfalls zum Bistum Trier gehörig. Dort saß einem Bericht von 1781 zufolge seit dreißig Jahren eine Nonne, ein adeliges Fräulein von Seraing, im Kerker, weil sie ein französischer Offizier für kurze Zeit entführt hatte. Der bischöfliche Kommissar nahm sich kein Blatt vor den Mund, als er seinem Dienstherren mitteilte, die Bestrafung übersteige das Vergehen (welches?) und bezeuge „unmenschliche Grausamkeit" im Kloster.[266] Der Fürstbischof ordnete sofort ihre Entlassung an. Die Kränkliche und inzwischen über 70-Jährige befand sich in einem schlechten Gesundheitszustand, weswegen man auch davon absehen musste, sie in einem anderen Kloster unterzubringen. Alle Klosterdamen versprachen, sie würden in Zukunft dem Fräulein von Seraing „in aller christlichen Liebe und ordensmäßiger Vertraulichkeit begegnen", ihr keinen Vorwurf wegen ihrer „jugendlichen Verfehlungen" machen und sie auch nicht mehr beleidigen. Seraing soll über die plötzliche gute Behandlung so bewegt gewesen sein, dass sie der Äbtissin Anna Philippina von Falkenstein (reg. 1766–1794) unter Tränen gedankt habe. Der Regierung in Koblenz kam dies 1785 „verdächtig" vor, weil sie bei der Visitation einige Jahre zuvor, welche die Befreiung der Frau von Seraing bewirkte, ausgesagt hatte, sie würde eher ihren Lebensabend bei ihren Anverwandten verbringen als „mit dieser Frau". Man möge ihr lieber den Kopf abschlagen lassen, als dass sie ihr gestatte, das Dormitorium (Schlafsaal) mit den anderen Schwestern zu teilen. Es wurde daher ein lokaler Geistlicher als Untersuchungskommissar ernannt, der sichergehen sollte, dass von Seraing nun auch wirklich gut behandelt werde.[267] Am 5. Dezember 1785 mussten auf erzbischöflichen Befehl schließlich alle Klosterdamen des Kapitels eine Unterlassungserklärung unterzeichnen – es fehlt einzig die Unterschrift der Äbtissin. Darin „bezeugen und versprechen wir Unterschriebene auf unsere adeliche treue und gemäß unserer geistlichen Pflichten, unserer Mitschwester von Seraing in aller christlichen Liebe, geistlicher Einigkeit und ordensmäßiger Verträulichkeit jedesmahl zu begegenen, niemahlen einen Vorwurf wegen ihrer Vergehungen zu machen, auch nicht mit Wort viel weniger durch eine That selbige zu beleidigen, sondern vielmehr derselbigen in ihrem hohen Alter und kränklichen Umbständen mit Rath und That so viel wir imstant sein, tröstlich und hülfreich bey zu stehen."[268]

Der klösterliche Friede währte aber nicht lange. Schon am 19. Dezember 1785 war von Seraing verstorben. Dem Erzbischof kam der plötzliche Tod etwas ungeheuer vor, und er ordnete daher eine Untersuchung an. Diese ergab, dass man bei Beginn der Krankheit der ehemals eingekerkerten Nonne zwar einen Arzt aus Springiersbach gerufen, dieser aber verreist gewesen sei. Einen anderen Arzt habe man nicht beordert, sondern dessen Rückkehr abgewartet. Dann aber war schon nicht mehr auf eine Genesung zu hoffen. Sie sei sanft entschlafen. Was sich dann ereignete, zeigt, dass die Äbtissin in ihrem Fanatismus der Verstorbenen noch über den Tod hinaus grollte und ihr den Status als Vollmitglied der Kommunität absprach: Das Glockenzeichen, das im Kloster und außerhalb den Tod einer Mitschwester verkündete, wurde weggelassen. Außerdem wurde anscheinend ursprünglich kein Totenzettel gedruckt und in der Nachbarschaft verteilt, und es wurden auch keine Pläne zu den üblichen dreitägigen Exequien getroffen, zu denen die benachbarten Geistlichen eingeladen wurden. „Noch auch das hergebrachte Gebett in öffentlicher Abbettung des gantzen Psalters den ersten Tag, und der Buß-Psalmen die dreyßig folgenden bestehend, abgehalten, sondern nur von ihren Fräulein einige Tag nach geschehener Beerdigung ohne Beysein auswärtiger Geistlicher ein Trauer-Amt abgesungen worden, und dass dieselbe nicht in der Kirche zu den übrigen verstorbenen Fräuleins, sondern auf dem Kirch-Hoff zu einer Zeit, als die mehreren Dienstboten in den Waldt geschickt gewesen, jedoch in geistlichen Kleidern ... begraben worden seyn." Die Äbtissin stritt alles ab. Sie hätte die Krankheit für nicht lebensgefährlich gehalten und deshalb keinen weiteren Arzt hinzugezogen. Man habe Seraing nicht mit den üblichen Zeremonien bestattet und betrauert, damit die Nachbarschaft nicht an ihre „Verfehlungen" erinnert werde und hiermit dem Kloster und ihren Anverwandten Beschämung angetan werde. Auch gab sie vor, die Verstorbene nur wegen der bischöflichen Verordnungen, welche Begräbnisse in Kirchen verboten, dort bestattet zu haben. Der Bericht des bischöflichen Kommissärs von Lassaulx aber sah die Entschuldigungen der Äbtissin als „erkünstelt" an, welche nur ihr „unordentliches Verfahren" rechtfertigen wolle. Außerdem gab er an, dass man sich in der ganzen Nachbarschaft weniger der Verfehlungen Seraings als der brutalen und unmenschlichen Behandlung, die sie durch das Kloster erfuhr, erinnere.[269] Der Bischof folgte dem Rat Lassaulx' und verordnete, dass das Kloster die übliche öffentliche Trauer für von Seraing einzuhalten habe. Auch ein Totenzettel wurde nun gedruckt: „Im Jahre nach der Gnadenreichen Geburt unseres Heylandes Jesu Christi 1785, den 19. Dezember ist in unserem adelichen Gotteshause Macheren des heiligen Cistercienser Ordens nach 6 Täg vorhin ausgestandener schmerzhafter Leibs-Krankheit mit den heiligen Sacramenten versehen im Herrn entschlafen die hochwürdig-hochwohlgeborene Frei-Fräulein Maria Deusdedit von Serainge, Ihres Alters im 75ten, geistlicher Profession im 57ten Jahre. Dero liebe Seele wie wann selbe gegen alles Vermuthen am Ort der Reinigung sollte aufbewahrt werden, einem hochheiligen Messopfer und andaechtigem Gebeth empfehlen, ein gleiches zu erwiederen, so erbietig als schuldige Abtissin und Convent zu Macheren."[270] Da eine Überführung des Leichnams nicht ratsam erschien, verordnete der Erzbischof ferner, dass von nun an alle Klosterfrauen auf dem Kirchhof und nicht mehr in der Kirche beigesetzt werden sollten, und machte damit für alle Zeiten die unmenschliche Verhaltensweise der Klosterleitung sichtbar. Dennoch ergab die Untersuchung auch unliebsame Details über die Klosterfrau Antoinette von Villeneuve.[271] Als diese mit diesen konfrontiert wurde, bezichtigte sie kurzerhand den bischöflichen Kommissar einer Affäre mit der Klosterfrau Lisette von Schedel. Der Zisterzienser-Abt von Himmerod wurde nun hingezogen, der allerdings nur die Vorwürfe gegen Villeneuve bestätigte. Schon vor ihrer Profess 1773 hatten einige Klosterdamen Zweifel angesichts ihres „närrischen Verhaltens" und ihrer Boshaftigkeit gehabt. Dennoch wurde ihr die Profess erlaubt. Einmal soll sie eine andere Mitschwester derart misshandelt haben, dass ihr die „Haut vom Leibe gegangen" sein soll; ein andermal schlug sie mit einer Kohlenpfanne zu, ein drittes Mal zerkratzte sie einer Mitschwester Mund und Nase so sehr, dass ein Chirurg konsultiert werden musste. Trotz dieser körperlichen Angriffe, die dem Kirchenrecht gemäß die Exkommunikation und auch eine lebenslange Sicherheitsverwahrung gerechtfertigt hätten, blieb sie im Konvent; die Äbtissin ließ sie gewähren. Die Mitschwestern hatten allerdings derart Angst vor ihr, dass sie sich nachts einschlossen. Man fand in ihrer Zelle außerdem gestohlene Gegenstände und einen Liebesbrief, der klar machte, dass sie ein Verhältnis mit dem früheren Gärtner des Klosters gehabt hatte. Dieser Brief legitimierte die Entlassung Villeneuves, die allerdings einen lebenslangen Anspruch auf eine kleine Rente aus dem Kloster behielt.[272]

Zu guter Letzt sei ein Hinweis gestattet. Sexualität im Kloster ist ein immer noch wenig erforschtes Gebiet, und die beiden oben angezeigten Fälle sind zwei für den Historiker glückliche Ausnahmen, für die Archivalien existieren. Im ersten Fall handelte es sich um freiwillig eingegangene sexuelle Beziehungen, im zweiten um eine gewaltsame Entführung und wahrscheinlich Vergewaltigung, obwohl der Tatablauf nicht ganz klar ist. Völlig von Historikern vergessen und von Kirchenhistorikern bewusst verschwiegen ist die sexuellen Belästigung von Ordensfrauen durch Geistliche, vornehmlich Beichtväter, die, wenn entdeckt, Täter und Opfer (!) ins Klostergefängnis bringen konnte. Während, wie wir ausführten, der sexuelle Akt selbst strafbar war und auch zu enge Kontakte gerügt wurden, gab es im 17. Jahrhundert im Jesuitenorden Bestrebungen, sexuelle und vor allem erotisierende Kontakte zu Nonnen als lässliche Sünden abzutun. 1743 kam es schließlich zum Skandal, als der italienische Jesuit Bernardino Benzi (1688–1768) eine Dissertation veröffentlichte und explizit das Berühren der Wangen einer Nonne (oder einer verheirateten Frau oder Jungfrau) oder ihrer Brüste als lässliche Sünden, die nicht einmal des Bekenntnisses im Beichtstuhl wert waren, auffasste. Die Jesuiten verteidigten ihren Mitbruder, der vor allem von den

Dominikanern scharf angegriffen wurde und schließlich, vom Papst 1745 zensiert, seine These zurückziehen musste. Dennoch scheinen seine Thesen von einigen Priestern zur Legitimierung ihrer sexuellen Antriebe, darunter auch sadistische (denn auch Flagellationen wurden als lässlich abgetan), benutzt worden zu sein.[273]

VII. Sexuelle Delikte und Kindesmissbrauch

Jeglicher Geschlechtsverkehr bedeutete für einen Ordensangehörigen das Brechen des Keuschheitsgelübdes und wurde daher als schweres Vergehen betrachtet, das rigoros geahndet wurde.[274] Das monastische Regelsystem und das Kirchenrecht beschrieben exakt, welche Taten welche Strafen nach sich zogen, ob und wie etwa eine Nonne zu bestrafen sei, die an einer Abtreibung mitwirkte, oder wie mit zwei nicht volljährigen Mönchen umzugehen sei, die zusammen masturbiert hatten.[275]

In den 1690er-Jahren empfahl ein Kirchenrechtler, dass eine Nonne, die einem Mann erlaubt hatte, mit ihr Geschlechtsverkehr zu haben, ewig eingekerkert werden solle.[276] Dies erinnert uns an den im vorigen Kapitel angeführten Fall aus Machern; dort scheint man angenommen zu haben, dass Frau von Seraing nicht ganz unfreiwillig der Entführung durch einen Offizier gegenübergestanden hat. Das Gesetzbuch der Serviten machte ebenso klar, dass einen Mönch, der eine Nonne verführte, lebenslange Haft erwarte.[277] Wenn ein Mönch, dem eine weibliche Gefangene zur Aufsicht anvertraut war, mit ihr Verkehr hatte, wurde er zu lebenslangem Galeerendienst verurteilt; hatte er dabei Gewalt ausgeübt, d. h. sie vergewaltigt, wurde die Strafe entsprechend verschärft.[278] Bei den Karmeliten waren alle fleischlichen Vergehen gleichermaßen Ärgernis erregend. Nur Sodomie war in einer separaten Kategorie als schlimmstes mögliches Vergehen.[279] Die Franziskaner differenzierten zwischen kleineren und größeren Sünden gegen die Keuschheitsgelübde. Bei einem ersten Vergehen wurde man nur mit sechs Monaten Kerker bestraft.[280] Sodomitische Mönche sollten sofort den weltlichen Autoritäten übergeben werden, argumentierte der franziskanische Kirchenrechtler Santorum a Melfi 1649.[281] Dies hätte aber in den meisten europäischen Ländern den Tod des Delinquenten, oft sogar den grausamen Feuertod, bedeutet.[282] Falls man einen Mönch aber nicht den weltlichen Behörden überstellte, wenn er der „unaussprechbaren Sünde" schuldig war (innominabili scelere), was meistens Sodomie bedeutete, dann wurde dieser Mönch zuerst seines Habits beraubt und vor der gesamten Kommunität auf das Härteste ausgepeitscht. Anschließend sollte er auf ewig im Kerker schmachten. Allerdings erwähnt Sinsitrari, dass erst im Wiederholungsfall ein solcher Mönch dem Galeerendienst verfalle. Wie kann man aber in Kerker-Einzelhaft Sodomie begehen? Es scheint, dass Sinistrari sich bewusst war, dass die meisten Ordensoberen kaum eine ewige Kerkerstrafe wirklich verhängen, oder einen Verurteilten nach einigen Jahren begnadigen würden.[283] Allein die Hieronymiten der Kongregation von St. Peter von Pisa (Ordo Fratrum Eremitarum S. Hieronymi, Congregationis B. Petri de Pisis) regeln ausdrücklich die Bewährung bei Sodomie: Nach zehn Jahren kann der Gefangene entlassen werden, wenn das Kapitel der Provinz damit einverstanden ist.[284]

Es muss aber klargestellt werden, dass Sodomie nicht immer gleichbedeutend mit Homosexualität war. Allerdings wurde die eigentliche Sodomie als solche verstanden, wie etwa Papst Pius V. in seiner Bulle Horrendum illud scelus (1568) darlegte. Eigentliche Sodomie wurde definiert als „concubitus maris cum masculo per vas praeposterum", d. h. als Analverkehr zwischen zwei Männern. Nur dieser Akt wurde mit der größten Strenge des Gesetzes bestraft, wie etwa mit der Todesstrafe durch weltliche Autoritäten.[285] Sollte aber eine Auslieferung eines

Mönches erfolgen (in der Literatur über Nonnen erscheint die Frage nicht einmal), dann musste man Vorsicht walten lassen, um kein öffentlichen Aufsehen zu erregen oder gar die Reputation des Ordens zu beschädigen. Bisher habe ich keine Archivalien zur Exekution oder zum Galeerendienst von sodomitischen Mönchen entdecken können, lediglich die vollzogene Todesstrafe an Weltgeistlichen. Mir scheint es daher wahrscheinlich zu sein, dass man, wenn es kein weltliches Opfer gab (etwa durch eine Vergewaltigung), derartige Fälle trotz anderslautender Empfehlung des Kirchenrechts intern regelte. Der seltene Fall einer öffentlichen Hinrichtung eines katholischen Priesters ist der des katholischen Landdekans von Inneringen bei Sigmaringen. Johann Konrad Arbogast Gauch, aus der Schweiz gebürtig, wurde am 24. November 1748 in Meßkirch enthauptet, nachdem er gestanden hatte, in den letzten 15 Jahren zahlreiche Heranwachsende „sodomisiert" zu haben. Die Franziskaner begleiteten den Priester, der nach Ansicht des Chronisten „zu Recht" verurteilt und dem Scharfrichter übergeben worden war. Auf dem Weg zur Hinrichtung, der „wohl verdienten Straff", wurde er in drei Ortschaften mit glühenden Zangen traktiert. Die Enthauptung erfolgte auf einem aufgeschichteten Scheiterhaufen, sodass nach der Vollstreckung sofort das Feuer entfacht werden konnte. Drei in den Sodomiefall verwickelte junge Männer, die ebenfalls gestanden hatten, wurden körperlich gepeinigt und gezwungen, die Hinrichtung anzusehen. Danach wurden sie mit fünfzig, vierzig und dreißig Rutenstreichen „auf das Empfindlichste" ausgepeitscht. Zwölf andere Jugendliche männlichen Geschlechts erhielten eine Auspeitschung durch Ochsenziemer. Die zwei ebenfalls angeklagten Jungfern wurden begnadigt, und ihre bereits im Gefängnis abgesessene Zeit wurde auf die Strafe angerechnet.

Dennoch mussten sie, wie auch die anderen, alle vierzehn Tage zur Beichte gehen und die Kommunion empfangen.[286]

Wie oben angeführt, waren auch andere Vergehen unter dem Begriff der Sodomie subsumiert. Dazu gehörte die gegenseitige Masturbation (*pollutio cum altero*), die Masturbation mit einer Frau, einem Tier oder einem Dämon. Alle diese Taten wurden als *peccatum nefandum* angesehen, aber nicht wie Homosexualität mit aller Härte des Gesetzes verfolgt, außer den letzten beiden. In Portugal war für Sodomie die Auslieferung an die Inquisition in manchen Orden vorgeschrieben.[287] Trotz solcher strenger Vorgaben waren Vergehen mit Kindern und Jugendlichen oft nicht ausreichend berücksichtigt und wurden wohl auch öfter missachtet. Als etwa 1653 in Speyer ein elfjähriger Junge angab, aufgrund der Vergewaltigung durch den Prior des Augustinerklosters einen Schock erlitten zu haben, glaubten das kirchliche und weltliche Gericht nicht dem Opfer, sondern dem Prior, der angab, der Junge hätte durch elterliche Vernachlässigung eine Erkältung und folglich eine geistige Verwirrung erlitten![288]

Ein außerordentlich gut dokumentierter Fall von Kindesmissbrauch liegt für das Jahr 1769 vor. Am 6. März 1769 verhörte der Prior der Abtei Prüm und die vom Erzbischof von Trier als wirklichem Abt entsandten Kommissare den P. Johannes Figulus, der seit achtzehn Jahren Subprior war, über den Vorwurf des sexuellen Kindesmissbrauchs. Man folgte, wie die Dokumente darlegen, den Regeln für einen Kriminalprozess, wie ihn die juristischen Handbücher des Jesuiten Franz Schmalzgrueber (1663–1735) empfahlen. Allerdings scheinen sich die Prozessunterlagen nur erhalten zu haben, weil der zuständige Bischof eine strenge Untersuchung angeordnet hatte. Die erste Frage war, wer denn sein Beichtvater sei und ob er stets ehrlich seine Sünden gebeichtet habe. Die weiteren Fragen nehmen kein Blatt vor den Mund und sind kaum direkter vorstellbar. Figulus wurde direkt gefragt, ob ihm sein damaliger Prior erlaubt hätte, kleine Kinder mit sich ins Bett in seiner Zelle zu nehmen, um mit ihnen „Blasphemie" zu begehen. Er gab alles zu und gestand, mehrere Jungendliche und Kinder, alles Messdiener, über Jahre hinweg missbraucht zu haben. Er hatte sie mit Brot und anderem Essen bestochen. Die einzelnen sexuellen Akte, zu denen Figulus die Kinder zwang, sind im Verhörprotokoll genauestens beschrieben. Der vorige Prior hatte ihn zwar mehrmals ermahnt, aber er war nicht fähig, sein Verhalten zu ändern. Manchmal ereignete sich der Missbrauch zwei- oder dreimal in der Woche, und im Jahr 1768 hatte er mindestens fünf verschiedene Jungen missbraucht. Zumeist fanden die sexuellen Akte nach der von ihm zelebrierten Messe statt. Er zwang die Jungen entweder zum Oral- oder Analverkehr, zur Masturbation oder ließ sie gegenseitig ihren Urin trinken.[289] Als er 1770 wiederum rückfällig wurde und am 20. August zwei zehnjährige Buben nach der Komplet, dem Nachtgebet der Mönche, missbraucht hatte, wurden härtere Maßnahmen ergriffen.[290] Zwar gab Figulus seine Untaten wieder zu, flehte um Gnade und versprach sich zu bessern.[291] Wäre ein Oberer im Kloster verantwortlich gewesen, hätte man wohl seinen Bitten nachgegeben. Zum Glück für die Kinder aber war der Trierer Erzbischof direkter Vorgesetzter, und er verurteilte den Kinderschänder sofort zu lebenslanger Kerkerhaft.[292] Dieser Fall zeigt deutlich, dass für das *peccatum sodomisticum*, wie sein Vergehen bezeichnet wird, die Klöster oftmals mehr Gnade als Recht ergehen ließen. Anstatt die Härte des Gesetzes anzuwenden und der kirchlichen wie naturrechtlichen Sorgfaltspflicht nachzukommen, wurde Figulus nur beständig ermahnt und ihm daher über Jahre hinweg die Möglichkeit gegeben, zahlreiche Kinder und Jungendliche zu „sodomitisieren". Erst als der Erzbischof informiert wurde – die Jahre zuvor hatte es Streitigkeiten zwischen dem Kloster und dem Bistum gegeben, und es scheint, dass der Prior die Vergehen des Figulus in der Tat dem Bischof verschwiegen hatte –, kam das Recht zur Anwendung. Diese kirchlichen Prozessakten gehen allerdings in keiner Weise auf die Langzeitwirkungen des gleichgeschlechtlichen Verkehrs ein, wie dies etwa in zeitgenössischen weltlichen Quellen der Fall ist. Dort wurde der sexuelle Missbrauch von Kindern als Gefahr für die sexuelle Identität der Opfer und ihrer zukünftigen Rolle als Familienväter in der Gesellschaft verstanden.[293]

Ordensgemeinschaften sahen in der praktizierten Homosexualität nicht nur eine schwere Sünde, sondern befürchteten vor allem, dass sich ihre Praxis schnell unter den zölibatären Mönchen ausbreiten könnte, wenn sie nicht drastisch bestraft werde; man glaubte an die abschreckende Wirkung der körperlichen Strafen und der Androhung vieler Kerkerjahre. Einen bemerkenswerten Fall, der von der staatlichen Propagandamaschinerie aufgegriffen wurde, um die Stimmung gegen die katholische Kirche zu schüren, finden wir in Schlesien in der Mitte des 18. Jahrhunderts. Betroffen war das schlesische Kloster Glogau, in dem kurz nach dem Anschluss Glogaus an Preußen (zuvor gehörte es zu den Habsburgischen Erblanden) ein Franziskaner der Sodomie überführt wurde. Das preußische Kabinett dekretierte daher am 20. Dezember 1742, dass der Mönch unverzüglich in Arrest zu nehmen sei und ihm ein „rigoureuse(r) Process" gemacht werden solle.[294] Der Hintergrund war wohl aber, wie einige Jahre später bei der Hinrichtung des Kaplans Faulhaber, ein politischer: Der 78-jährige

Franziskaner Eusebius, überall wegen seiner Frömmigkeit bekannt, war angezeigt worden, er hätte einen jungen Soldaten zur Desertierung und Sodomie aufgefordert. Eusebius wurde durch Soldatengewalt arretiert, dem weltlichen Richter übergeben und ohne tiefergehende Untersuchung zum Tode verurteilt. Der Erzbischof von Breslau war nicht einmal über den Prozess informiert worden. Alle Brüder mussten das Kloster verlassen; einzig der Prior durfte zurückbleiben. In Berlin erfuhr Kardinal Sinzendorf von Breslau vom Urteil und informierte Papst Benedikt XIV. (1740–1758):

„Meine Hand wankt und ich finde keine Worte, die schauderhafte That auszudrücken, von welcher ich Eure Heiligkeit in Kenntnis setzen muss, und welche, wie die königlichen Minister und der König selbst [i. e. Friedrich der Große, U.L.] bekannt gemacht haben, die Veranlassung zu der in meinem vorigen Briefe erwähnten Einkerkerung des Franziskaner-Mönches zu Glogau gegeben hat. Als dieser unglückliche Mönch, der beinahe 80 Jahre alt ist und wegen des Rufes der Frömmigkeit und vieler von ihm erwirkten Bekehrungen beim Publikum alle Achtung genoss, eines Tages im Beichtstuhle stand, kam ein junger Soldat zu ihm, eröffnete ihm seinen Wunsch zu desertieren und bat ihn um ein Almosen und um Hülfe. Anfangs wollte der Mönch sein Vorhaben nicht billigen; nachdem er aber zu seinem Unglücke diesen jungen Mann aufmerksam betrachtet hatte, versprach er ihm eine Geldunterstützung unter der Bedungung, dass er am folgenden Tage mit der Bereitwilligkeit, sich nothzüchtigen zu lassen, zu ihm in die Zelle käme. Der schalkhafte Jüngling verspricht, kommen zu wollen, entdeckt die Sache seinem Offizier, welcher nach getroffener Übereinkunft ihn bis zu einer gewissen Entfernung von der Zelle, ohne vom Mönche bemerkt zu werden, begleitet. Als der Jüngling in die Zelle getreten, stellte er sich, als wolle er den gottlosen Lüsten des Mönches entsprechen, indem er sich in Bereitschaft setzte, die Nothzüchtigung zu erdulden, während der Mönch sich ebenfalls zur That anschickte.

In diesem Augenblicke trat der Offizier in die geschlossene Zelle und fand beide in einer so unanständigen Stellung, dass sie zum klaren Beweise der bösen Absicht des Mönches dienen konnte.

So wird von Seite des Ministeriums, des Königs und der Offiziere dieses Faktum bekannt gemacht; ob es so sei, kann ich nicht mit Sicherheit sagen, da ich die Akten nicht eingesehen habe und mir dieses auch nicht erlaubt worden."[295]

Während es sicherlich denkbar ist, dass sich der Fall wirklich so ereignet haben könnte, macht er dennoch stutzig, denn die Anklage fällt mit der Besetzung Glogaus durch preußische Truppen im Ersten Schlesischen Krieg zusammen. Die katholische Bevölkerung war Friedrich II. von Preußen ein Dorn im Auge; er misstraute ihr. Das katholische Bekenntnis war für ihn gleichbedeutend mit der Unterstützung der habsburgischen Erzherzogin. Seine Religionspolitik zielte daher auf die Unterminierung des katholischen Bekenntnisses in Schlesien, sodass eine gezielte moralische Unterhöhlung durch erfundene Rufmordkampagnen durchaus vorstellbar ist. Nur wenige Jahre später wird immerhin in derselben Provinz der Priester Andreas Faulhaber 1757 völlig unschuldig hingerichtet, weil er angeblich einen Soldaten zum Desertieren ermutigt hatte, welcher allerdings später seine Lüge gestanden hat. Der Papst antwortete dem sichtbar mutlosen Kardinal postwendend und wies ihn an, den unglücklichen Mönch auf keinen Fall zu degradieren oder seine Schuld einzugestehen. Sinzendorf machte nun dem Preußenkönig klar, dass Priester gemäß dem Berliner Definitivfrieden und dem Notifikationspatent von 1742 unter der Jurisdiktion des Bischofs stünden, Desertionsangelegenheiten ausgenommen. Bereits im Januar 1743 erfolgte dann die Entlassung von Eusebius aus dem Kerker.[296]

Für nicht vormalig schlesisches Gebiet galt altes preußisches Recht. Nach diesem durfte kein Klostermitglied ohne Vorwissen der Regierung eingekerkert werden. Um die nötige Benachrichtigung der weltlichen Behörden zu umgehen, scheinen Orden heimlich Ordensleute, die sie einkerkern wollten, aus Preußen in andere, katholische Landesteile überführt zu haben. So scheint 1782 ein Franziskaner aus Hamm, schon über sechzig Jahre alt, nur deshalb nach Richlinghausen im Kurkölnischen überführt worden zu sein, um ihn dort internieren zu können.[297]

In den Protokollen der Bayerischen Franziskanerprovinz findet sich für 1722 der Hinweis, dass P. Emeric Niedermair, P. Erasmus Ernst sowie Ademar Holzapfel in den Kerker geschickt würden und ihnen für alle Zeit das Beichthören verboten werde.[298] Hatte das Vergehen mit Frauen zu tun, wurde das Abnehmen der Beichte von Frauen verboten, hatte es mit Männern oder Jungen zu tun, so wurde auch diese Beichtfakultät entzogen. 1740 wurde etwa einem P. Bernard in München wegen „schwerwiegender Ursachen" (*gravissimis causis*) verboten, Männern die Beichte abzunehmen.[299] Holzapfel scheint aber andere Laster besessen zu haben, unter anderem schwere Trunksucht, in welcher Hinsicht er sich aber 1742 gebessert hatte.[300] Über Ademar Holzapfel wissen wir sogar noch ein wenig mehr: dass er nämlich wegen versuchter Vergewaltigung eines Jungen („attentatus irrumationis cum quodam parvulo") verurteilt wurde. Ademar war in den nächsten zwanzig Jahren ständig Objekt irgendwelcher Disziplinarmaßnahmen; man verurteilte ihn, begnadigte ihn und verurteilte ihn wieder. 1737 sucht Ademar, offenbar wieder im Kerker, darum nach, man möge ihm wegen seines schlechten Magens doch vom Fasten bei Wasser und Brot befreien. Die Provinz erlaubte dem lokalen Prior, die Sache zu entscheiden.[301] 1748 wird er wegen seines hohen Alters, „über 60 Jahre", und seiner miserablen Gesundheit vom Kerker in das reguläre Konventhospiz verlegt. Allerdings wurde ihm jede Kommunikation mit anderen streng untersagt, um ja keine Möglichkeit für erneute sexuelle Annäherungen zu schaffen.[302] Ein P. Arthemius saß 1741 für zehn Jahre in Haft.[303] Wegen guter Führung vorzeitig entlassen, wurde ihm aber 1743 das die Erlaubnis, Männern die Beiche abzunehmen, entzogen, was wiederum auf ein Sexualdelikt hinweist.[304] 1744 wurde er wegen „skandalöser Briefe" an einen weltlichen Studenten, wohl sexuellen Inhalts, zu zehn Jahren Kerker ohne Bewährung verurteilt.[305] Ein besonders tragischer Fall wird von den Franziskanerklöstern Dursten und Bielefeld berichtet, wo die im unbeheizten Kerker einsitzenden Mönche Zehen und Füße aufgrund von Erfrierungen verloren.[306]

Besonders die Laienbrüder der Franziskaner standen in einem schlechten Ruf. Deren Betragen verschlimmerte sich so sehr, dass sich 1731 der bayerische Kurfürst gezwungen sah, die Provinz offiziell zu ermahnen. Seine Regierung machte der Bayerischen Franziskanerprovinz klar, dass zu viele Laienbrüder „grob ... vermessen, hoffärtig ... einige so ohne alle Sanftmuth, Gedult und Demuth, fast bei jeder Gelegenheit in Zorn" seien, oder trinksüchtig und arbeitsscheu. Sollten Ermahnungen nicht ausreichen, diesem Umstand abzuhelfen, sollten die Franziskaner explizit mit „Schärfe" gegen Übeltäter vorgehen.[307]

1717 wird der Fall eines P. Oswald erwähnt. Er war zu dreißig Jahren Kerker verurteilt worden, zeigte sich aber durch viele Jahre hinweg als reuig. Dennoch empfahl die Provinzleitung, ihn nicht zu leicht zu dispensieren, sondern ihn weitaus schärfer zu korrigieren. Das Provinzkapitel beschloss auch, dass ein weltlicher Arzt niemals in den Kerker gelassen werden dürfe, da man sonst befürchten müsse, dass das Wissen um die Klosterkerker in der Welt verbreitet werde.[308]

Die Statuten der bayerischen Franziskaner von 1717 empfahlen auch für sexuelle Vergehen im Beichtstuhl den ewigen Kerker ohne Chance auf Bewährung. Das Schreiben von unzensierten Briefen oder das Empfangen von selbigen wurde mit drei Tagen Hausarrest bestraft. Waren die Briefe „lasziv amouröser" („lascive amorosae") Natur oder sogar sexuell vulgär, wurde man mit einem Jahr Kerker bestraft. Auch das lusthafte Küssen (osculare) einer Frau oder das Berühren ihrer „unehrenhaften Teile" konnte einen Mönch ein Jahr hinter Gitter bringen, handelte es sich hingegen um einen Mann, so betrug die Strafe zwei Jahre Kerker, wenn der sexuelle Akt nicht erfolgte und es das erste Vergehen solcher Art war. Bei sexueller Unzucht sollte gleich beim ersten Tatbestand eine Strafe von drei Jahren, beim zweiten Mal von sechs Jahren, beim dritten von zwölf Jahren verhängt werden. Sollte es noch öfter geschehen, sollte der Missetäter ewig (perpetuo) inkarzeriert werden. Brach ein Mönch mit einer verheirateten Frau die Ehe, wurde er gleich für fünfzehn Jahre inkarzeriert, gleichfalls für Inzest (beim zweiten Mal auf ewig). Von der Unzucht mit einer Nonne konnte nie dispensiert werden, und man war dem ewigen Kerker übergeben; aber auch unkeusche Worte an eine Nonne wurden bestraft, nämlich mit drei Jahren Kerker. Sodomie wurde ebenfalls gleich beim ersten Delikt mit ewigem, unwiderruflichem Kerker bestraft, ebenso wie andere Verbrechen, auf welche nach staatlichen Gesetzen die Todesstrafe stand. Jeder, erklären die Statuten, der formale Kerkerhaft verbüßte, wurde als „irregulär" betrachtet und daher als exkommuniziert und ohne Stimmrecht. Man verblieb dort ohne Kapuze und Gürtel.[309] Erst 1771 änderten die Bayerischen Franziskaner ihre Statuten. Anstatt Kerkerstrafen wurden nun Einsperrung in einer Zelle, strenges Fasten und Selbstgeißelung als Disziplinarmaßnahmen, aber auch der Verlust von Kapuze und Stimmrecht empfohlen.[310]

VIII. Flucht aus dem Kloster

Nonnen begingen mit einem unerlaubten Weggang aus dem Kloster ein Vergehen, das, wenn es entsprechend schwer war, auch mit der Exkommunikation bestraft werden konnte, von der nur der Papst dispensieren konnte.[311] Wiederum liefert uns die adelige Benediktinerinnenabtei von Oberwerth ein Beispiel. Seit die Abtei die Disziplin 1780 angezogen hatte, wuchs in Lucretia von Münster der Wunsch, das Kloster zu verlassen. Ohne Erlaubnis oder Dispens unternahm sie eine Reise nach Würzburg zu ihrer Mutter; sie gab medizinische Gründe an. Die Äbtissin war sichtlich erleichtert, dass Lucretia von ihrer Mutter und den Benediktinerinnen von St. Afra in Würzburg überwacht wurde.[312] Sie wurde allerdings umgehend zurückbeordert.[313] Im August 1783 beantragte Lucretia schließlich offiziell beim Trierer Erzbischof die Dispens von ihren Gelübden. Sie erwähnte in ihrem Schreiben, dass sie seit zehn Jahren am Klosterleben leide und nur unter größtem Schmerz das strenge Fasten erdulde. Sie versuchte ihn davon zu überzeugen, dass der Beweggrund, das Kloster zu verlassen, nicht das Verlangen nach Freiheit war, sondern ihr Bestreben, in Ruhe und Selbstzufriedenheit mit ihren Eltern in Würzburg zu leben.[314] Der Erzbischof stand ihrem Antrag positiv gegenüber und glaubte wirklich, dass sie unfähig war, ihre klösterlichen Pflichten zu verrichten, und dass sie die Gelübde in einem Zustand geistiger Verwirrung abgelegt hatte (*perturbantia mentis*). Sollte sie im Kloster bleiben, so in seinem Schreiben nach Rom, befürchte er ihren vollständigen körperlichen und seelischen Verfall. Lucretia wartete aber nicht auf die Antwort des Erzbischofs oder Roms, stattdessen bedrängte sie einen hochrangigen Beamten des Erzbischofs. Sie drohte sogar indirekt mit ihrem Selbstmord: Beim Aderlass habe sie nämlich des Öfteren gedacht, sie wolle den Druckverband lösen und friedlich zu Tode bluten, sollte sie im Kloster verbleiben müssen. Der Selbstmord war eine Todsünde, die den Täter zur ewigen Hölle verdammte, sodass es nicht verwunderlich gewesen wäre, wenn die Priorin die suizidale Lucretia im Klosterkerker in Sicherheitsverwahrung genommen hätte; jedoch entschied man sich, nichts zu unternehmen und stattdessen die Entscheidung Roms abzuwarten.[315] Am 19. September 1783 gab die römische Kongregation für die Ordensleute grünes Licht für die Dispens der Freifrau von Münster. Ihre Familie wurde darüber informiert, dass ihre Verwandte von nun an zwar keine Ordensfrau mehr sei und bei ihnen leben dürfe, aber zeitlebens keine Ehe eingehen konnte. Ihre Familie war über die Entscheidung Roms gar nicht glücklich – im Gegenteil. Eines ihrer Geschwister schrieb erbost an den Erzbischof, dass Lucretias physische Krankheit frei erfunden sei und dass man von körperlicher Beanspruchung im adeligen Kloster nun wirklich nicht sprechen könne. Auch sei der jungen Lucretia vor ihrem Ordenseintritt von der Familie eindrücklich klar gemacht worden, welche Tragweite ihr Entschluss habe. Man habe sogar versucht, sie davon abzubringen. Man erklärte ihr, dass man sie, wenn sie das Kloster vor den Gelübden verlasse, als „vernünftige Person" betrachten könnte. Die Sachlage habe sich aber nun geändert, da die Schwester nach den Gelübden den Orden verlasse und daher den guten Familiennamen beschmutze.[316]

Die Klosterflucht war oft auch Ausdruck berechtigter Furcht, eingekerkert zu werden, was allem Anschein nach in Männerklöstern weitaus häufiger geschah als in weiblichen Kommunitäten. In Memmingen entfloh der Augustiner Conrad Mayer am 16. September 1766, weil er am Tag zuvor dafür eingesperrt worden war, dem Prior betreffs der päpstlichen Unfehlbarkeit widersprochen zu haben. Er fürchtete, die nächtliche Einkerkerung könnte vom Prior leicht auf lebenslange Haft ausgedehnt werden, weswegen er nachts aus dem Fenster kletterte und über den zweiten Stock aus dem Kloster entfloh. Einmal auf städtischem Boden, war er in Sicherheit, da Memmingen eine kaiserliche Reichsstadt und von der Konfession her protestantisch war. Eine katholische Stadt hätte ihn ausliefern müssen. Allerdings war Memmingen von katholischem Gebiet umgeben, sodass der Stadtmagistrat dem entsprungenen Mönch eine geheime Fluchtroute vorschlug, auf der er sich zu einem protestantischen Landesherrn durchschlagen konnte. Auf dem Weg wurde die Kutsche aber von einem katholischen Mob aufgehalten. Mayer wurde verhaftet und ins Kloster Lauingen zurückgebracht. Proteste dagegen, dass das verbriefte Recht auf Religionsasyl durch das Kloster gebrochen worden war, wurden zurückgewiesen, weil Mayer nicht offiziell zum lutherischen Bekenntnis konvertiert war, sondern lediglich ein „ungehorsamer" Mönch sei. Mayer verblieb im Kerker zu Lauingen für die nächsten zwanzig Jahre. Doch im März 1785 ergab sich für ihn die Chance der Flucht: Er sollte in ein anderes Kloster verlegt werden, und während man ihn über freies Memminger Gebiet transportierte, versuchte er zu entfliehen. Zuerst konnte dieser Versuch vereitelt werden. Da die Mönche aber einen Aufenthalt im Wirtshaus einlegten und danach schwer betrunken waren, gelang der zweite Versuch – allerdings erst nach einem Handgemenge. Dieses Mal war die Stadt Memmingen allerdings weitaus vorsichtiger. Mayer hatte offiziell um Religionsasyl angesucht, man händigte ihm ein offizielles Empfehlungsschreiben aus und setzte ihn in den nächsten Schlitten – es war tiefster Winter – nach Ulm. Während der Fahrt fiel er zweimal heraus, da auch er anscheinend von seinen ehemaligen Mitbrüdern mit reichlich Bier bedacht worden war, kam aber sicher in Ulm an, wo er nun sein neues Leben als Protestant beginnen konnte.[317] Eine ähnlich packende Fluchtgeschichte ist vom Augustiner Joseph Spenn überliefert.[318]

Genauso wie Nonnen wurden auch Mönche, die das Kloster ohne Erlaubnis verließen, prinzipiell bestraft; allerdings wurden die Umstände der Flucht durchaus berücksichtigt. Wenn etwa ein Ordensmann eine offizielle Geschäftsreise dazu benutzte, eine „grand tour", d. h. eine Bildungsreise, zu unternehmen, aber seinen Gelübden treu blieb, konnte er mit einer milden Bestrafung oder gar keiner rechnen. Ordensleute, die den Oberen als der Flucht verdächtig erschienen, wurden vorsorglich eingesperrt; hatten sie mehrmals versucht zu entkommen, wurden sie lebenslang im Kerker verwahrt, wo mancher Mönch aus Verzweiflung sich auch das Leben nahm, wie etwa Maranus Gordon in Würzburg oder Nonnosus Gschall in Oberaltaich bei Straubing.[319] Der Zisterziensermönch Innocenz Morazi von Waldsassen in der Oberpfalz soll es gar auf achtzehn Ausbrüche aus dem klösterlichen Gefängnis gebracht haben.[320] Der Kartäuser Athanasius König (geboren 1665) von Aggsbach brachte es dagegen nur auf vier Ausbrüche zwischen 1692 und 1699.[321]

Orden heuerten bei Klosterfluchten oftmals Kopfgeldjäger an und veröffentlichten in Zeitungen und Journalen Steckbriefe der gesuchten Individuen. Ein solcher liegt etwa für den Dominikaner Martin Engelhardt aus dem Jahre 1702 vor, der aufgrund von Klosterflucht, Ehebruch, Diebstahl und Majestätsbeleidigung gesucht wurde.[322] Solche Fälle waren sicherlich die

Ausnahme, aber die Anzahl der unglücklichen oder widerspenstigen Mönche nahm im 18. Jahrhundert stetig zu. Zum ersten Mal seit der Reformation mussten sich die Oberen mit einer großen Anzahl solcher Individuen herumschlagen, dabei aber gleichzeitig einsehen, dass herkömmliche Arten der Disziplinierung nicht mehr abschreckend wirkten oder gar staatlicherseits verboten waren.[323] Wie bereits oben ausgeführt, haben sich kaum Prozessunterlagen für Ordensleute erhalten. Daher ist der Fall des Augustiners und Komponisten Benedikt Geisler (1696–1772) von Triefenstein bei Würzburg ein Glücksfall. Die Unterlagen scheinen aber auch hier nur deswegen erhalten geblieben zu sein, weil der Fürstbischof eingriff.

Geisler war 1720 in das Augustiner-Chorherrenstift Triefenstein eingetreten und hatte 1738 seine erste Komposition veröffentlicht. Allerdings war er schon 1727, nur drei Jahre nach seiner Priesterweihe, entflohen und hatte zwei Jahre in Frankreich gelebt.[324] Er kehrte aber zurück und wurde mit der Kommunität versöhnt. Ein zweites Mal entfloh er 1745. Dieses Mal aber lebte er für zwei Jahre in den protestantischen Reichsstädten Nürnberg und Fürth und nahm wohl auch das protestantische Bekenntnis an. Aufgrund von Steckbriefen und einer Falle, die man ihm stellte, wurde er arretiert und ins Kloster zurückgebracht. Dort wurde er zunächst in einem ehrenhaften Kerker untergebracht, wo er reguläre Kost empfing. Am 18. März 1748 aber entfloh er das dritte Mal, indem er die Tür zur Disziplinarzelle aufbrach. In Lohr am Main wurde er schließlich, obwohl er als Bettler verkleidet war, erkannt und zwei Tage später arretiert. Als er befragt wurde, warum er ausgebrochen sei, gab er an, dass er nach Rom hätte reisen wollen, um dort eine Dispens von seinen Gelübden zu erhalten. Das erscheint aber unwahrscheinlich, da er gefälschte Papiere bei sich trug, in denen er sich als Fidelis Sander vom Dritten Orden des hl. Franziskus ausgab, der im niederländischen Krieg seines Habits beraubt worden war. Außerdem hatte Geisler drei silberne Löffel entwendet.[325] Die Gesandten des Fürstbischofs von Würzburg, Franz Christoph von Zobel von Giebelstadt (1719–1763) und Otto Philipp Erhard Ernst Gross von und in Trockau, stimmten der lebenslangen Sicherheitsverwahrung Geislers zu, aber baten den Abt von Triefenstein, dem begabten Musiker zeitlebens einen guten spirituellen Begleiter an die Seite zu stellen.[326] Der Geistliche Rat von Würzburg promulgierte schließlich am 24. März 1748, dass Geisler als unbelehrbar angesehen werden müsse und lebenslang im Kerker zu verbleiben habe.[327] Dies wurde durch den separaten Kriminalprozess der Augustiner im Juni desselben Jahres bestätigt; nach den Regeln der Chorherren war ein Mitglied, das dreimal die Flucht ergriffen hatte, lebenslang einzukerkern.[328] Der Abt schrieb in seinem Urteilsspruch, dass keine noch so gut meinende Person Geisler je entlassen dürfe, befragte auch angesehene Kirchenrechtler über den Fall, die sich seinem Richterspruch anschlossen, und ermahnte den Gefangenen, sein Schicksal in Demut anzunehmen. Man erkläre ihm, er solle die Bedrängnisse des Kerkers als irdisches Fegfeuer betrachten, das ihn von Sünde und Ichsucht befreien sollte, sodass er trotz seiner Verfehlungen das ewige Leben erlangen könne.[329] Dieses Fegfeuer dauerte 24 Jahre, bis Geisler endlich im Jahr 1772 verstarb.

Ein weiteres Beispiel für eine Klosterflucht ist der Fall des Dominikaners Alexander Rentz, der auf der Reise von Glogau in ein anderes Kloster seines Ordens 1738 die Flucht ergriff. Die Chronik des Straubinger Jesuitenkollegs berichtet über seinen bewegenden Lebensweg, aber auch über die bereitwillige und versöhnliche Wiedereingliederung in den Orden trotz seiner mehrjährigen Abwesenheit. Die Abfassung dieses Berichts hat ihren Grund darin, dass der flüchtige Mönch bei einer Pfarrmission der Jesuiten plötzlich Reue verspürte und sich ihnen zu erkennen gab:

„Nachdem er fast drei Jahre hauptsächlich damit zugebracht hatte, adelige Söhne zu unterweisen, kam er von Armut getrieben nach Cham, einer Stadt am Regen. Dort legte er sich den falschen Namen Friedrich Krais zu, trat in das kurbayerische Heer ein ... Über vier Jahre blieb er unerkannt, von allen hochgeschätzt wegen seines unbescholtenen Lebens, seines rechtschaffenen und allem schmutzigen Luxus abgeneigten Charakters und wegen seines größeren Wissens. Zumal schon in den letzten zwei Jahren in seinem Herzen etwas unruhiger, wandte er sich, gerade durch die letzten öffentlichen Exerzitien veranlasst, an den P. Spiritual und bat, ihm persönlich zu erlauben, an den hl. Exerzitien unseres h. Ordensvaters teilzunehmen. Der P. Rektor willigte unter der Bedingung ein, dass die Offiziere damit einverstanden sind. Nach einigen Tagen, am 22. April, ging er nicht zum militärischen Dienst, sondern zum P. Spiritual. Es kam zu einer Aufregung unter den Soldaten [welche der Ansicht waren, er sei desertiert, U.L.]. Daraufhin erschienen zwei Offiziere, die vom Hauptmann geschickt worden waren, mit der Forderung, dass ihnen der P. Rektor den Soldaten übergebe, der kein Asyl genießen könne [wie dies nach gebräuchlichem Recht anderen Kriminellen zustand, U.L.], weil er keines Verbrechens angeklagt sei, sondern nur in seinem Herzen etwas beunruhigt sei ... Man stellte Untersuchungen an, man ermittelte und befahl ihm, er solle zu seinen Leuten zurückgehen, und wenn er die hl. Exerzitien mitmachen wolle, solle er das vorher mit seinen Offizieren regeln. Er gehorchte, aber bevor er das Kolleg verließ, gestand er im Zimmer des P. Rektors, wo der militärische Gesandte des Hauptmanns sein Wort gab, Stillschweigen zu bewahren, dass er ein Mitglied des Dominikanerordens sei und ein Priester. Darauf eröffnete er seinen wahren Namen und bat um Hilfe, zu seinem Orden zurückkehren zu können. Der P. Rektor versprach ihm Hilfe, sowie mit dem Brief, den er auf der Stelle nach Glogau an den ehrwürdigen P. Rektor jenes Kollegs, Bernhard Harlacher, schrieb, die Wahrheit feststehe (sic!). Inzwischen wurde der Gesandte um Stillschweigen gebeten. Er versprach es auch. Darauf wurde der geistliche Soldat in gutem Glauben vom P. Rektor aus dem Kolleg entlassen. Aber der Offizier stand nicht zu seinem Wort. Er erzählte bald alles in der Öffentlichkeit. Der geistliche Soldat wurde eingekerkert und eine Untersuchung gegen ihn vorgenommen. Seine Aussagen gelangten an den Hofkriegsrat in München. Nachdem der Rektor dies gehört hatte, ging er zum Hauptmann, um gegen diese Vorgehensweise zu protestieren, aber er wurde nicht vorgelassen. Hierauf schrieb er den ganzen Sachverhalt an den ... Beichtvater des ... Kurfürsten. Vom Kriegsrat kam die Antwort, der Soldat solle in Gewahrsam gehalten werden, bis der P. Rektor Antwort aus Schlesien erhalte. Die Antwort kam nach drei Wochen und bestätigte die Wahrheit der Aussage des Soldaten. Damit ging der P. Rektor zum ranghöchsten Offizier, der die Stelle des abwesenden Kommandanten inne hatte, und verlangte, dass der Priester wenigstens aus dem Kerker freigelassen werde, bis von München die Erlaubnis zur Entlassung komme. Aber es wurde nichts erreicht ... Am Montag früh wurde dann der flüchtige Priester in das Kolleg [der Jesuiten, U.L.] wie in ein Asyl zurückgebracht ... Inzwischen bekam er dort priesterliche Kleidung und Essen, bis die Sache mit seinen Oberen brieflich verhandelt und ordentlich geregelt war und er die Erlaubnis erhielt, zu den Seinigen nach Glogau in Schlesien zurückzukehren. Dann kümmerte man sich um seine Wegzehrung und um einen Reisegefährten bis nach Prag ... Er kam zwar in Prag an, betrat aber das Kloster nicht, sondern flüchtete sich in ein Haus. Man fürchtete schon, er sei wieder abtrünnig geworden. Aber er ging freiwillig und allein nach Glogau ... Als Strafe wurde ihm auferlegt, 40-tägige Exerzitien mitzumachen, in dieser Zeit an den Freitagen im Speisesaal auf dem Boden zu sitzen und für einige Zeit das Kloster für einen Stadtgang nicht zu verlassen."[330]

Dass ein geflohener Ordensmann in den Soldatenstand eintrat, war in der Tat nichts Außergewöhnliches. Man konnte sich ohne Probleme inskribieren und stand, hatte man den Uniformrock einmal an, unter dem Schutz des Monarchen. Einen besonders interessanten Fall eines solchen Mönchs-Soldaten finden wir in der Benediktinerabtei Benediktbeuern, nämlich P. Bernard Weinberger. Er floh 1740 angeblich, um in Transylvanien Franziskaner zu werden, trat dann aber in die preußische Armee ein. Als er vom Feldkaplan entdeckt wurde und dieser sowie der Orden seine Rückkehr einforderten, soll Friedrich II. von Preußen lediglich geantwortet haben: „Der Prälat hat Pfaffen genug, ich aber nit soldaten."[331] Ein anderer geflohener Benediktiner, Bernhard Joseph von Schultz aus Iburg, brachte es im Krieg von Brabant sogar bis zum Oberstleutnant, bis er schwer verletzt in die Heimat zurückkehrte und eine bissige Geschichte des Benediktinerordens verfasste.[332]

IX. Ausblick

Klosterkerker waren keine Erfindung antiklerikaler Schriftsteller oder antireligiöser Aufklärer, sondern eine Realität monastischen Lebens. Wenig unterschied solche Kerker von den mittelalterlichen Verliesen, bis schließlich im 18. Jahrhundert staatliche Behörden es nicht mehr zuließen, dass die Kirche eine Art Schattenjustiz am staatlichen Gewaltmonopol vorbei praktizierte. In vielen Klöstern wurden indes die Kerker trotzdem nicht aufgehoben, sondern im Geheimen weiter benutzt, bis wiederum die Staaten unter Androhung schwerster Konsequenzen das Ende der Klosterkerker herbeiführten.

Klösterliches Strafrecht schrieb die Folter und physische Bestrafung vor und lieferte, vor allem in den Bettelorden, Ordensleute der Willkür ihrer Oberen aus. Einmal von einem Oberen verurteilt, war es fast unmöglich, jemals Gerechtigkeit zu erlangen oder an eine Berufungsinstanz zu appellieren. Der Klosterkerker wurde zum bevorzugten Ort, um unliebsame Kritiker zum Schweigen zu bringen oder Störenfriede zu beseitigen. Klösterliches Recht schrieb auch strengstes Stillschweigen über interne Disziplinprobleme vor. Wagte es dennoch ein Mönch oder eine Nonne, zu Laien außerhalb des Klosters über derartige Geheimnisse zu sprechen, wurde er oder sie selbst mit Kerker wegen Schädigung des Ansehens des Ordens bestraft. Um sicherzugehen, dass staatlichen Behörden niemals Unterlagen über die schlimmsten Klosterverbrechen in die Hände fielen, wurden diese regelmäßig vernichtet. Es handelte sich also um eine systematische Vertuschung. Auch waren die Ordensleute angewiesen, nötigenfalls staatliche Behörden in die Irre zu führen oder anzulügen, um bloß nicht den Ruf des Ordens zu beschädigen. Diesem Verhalten des Vertuschens liegt das mittelalterliche Prinzip zugrunde, um jeden Preis einen Skandal zu vermeiden – ein Prinzip, das leider bis ins 20. Jahrhundert hinein praktiziert wurde und jegliche juristische Transparenz vermissen ließ.[333] Allerdings ist unbedingt festzuhalten, dass nicht nur die Klöster diesem Prinzip folgten, sondern genauso staatliche Institutionen, Adelshäuser und herrschende Dynastien – ebenfalls bis nahe in die Gegenwart.

Bisher haben Historiker die systematische Verschwiegenheit und Vertuschung, wenn wir sie denn so nennen wollen, der Klöster und Diözesen nicht wahrgenommen. Allerdings ist es unmöglich, die Reformen nach dem Konzil von Trient und den frühneuzeitlichen Katholizismus zu verstehen und vor allem zu würdigen, ohne diese Verschwiegenheit im Hinterkopf zu behalten. Wenn man dies beherzigt, kommt man nicht um die Frage herum, wie man denn nun die vielen Quellen, die von einem noch nie da gewesenen moralischen Aufschwung des Klerus nach dem Trienter Konzil durch die katholische Reform sprechen, interpretieren soll. Denn man sollte nicht überrascht sein, dass es so wenig widersprechende Quellen gibt, da nach dem Verschwiegenheitsprinzip ebendiese Unterlagen ja turnusgemäß vernichtet wurden.

Allerdings glaube ich nach meinen „Jagdzügen" durch europäische Archive und Bibliotheken dennoch, dass klösterliche Verbrechen und extrem immoralisches Verhalten selten waren. Nimmt man etwa die Protokolle der Bayerischen Franziskaner als Beispiel, so kann man sich leicht errechnen, dass weniger als 2 % der Brüder wegen schwerer Vergehen eingekerkert wurden. Außerdem gibt es zum moralischen Aufschwung des Klerus mittlerweile derart viele unterschiedliche und voneinander unabhängige Quellen, dass es meines Erachtens völlig aus der Luft gegriffen wäre, die großartigen Erfolge der katholischen Reform in Abrede stellen zu wollen. Dennoch wird es in der Zukunft der Kirchengeschichtsschreibung und der Ordensgeschichte wichtiger werden, das Verschwiegenheitsprinzip ernst zu nehmen und auch die inneren Disziplinprobleme der Orden und des Weltklerus besser aufzuarbeiten, als dies bisher geschehen ist.

Anmerkungen

1   „Das also ist die Burg deiner Gedanken. Dann zeig mir jetzt das Verlies."
    Gray, *Lineations*, 106. Ich verdanke diesen Hinweis meinem Freund, Prof.
    Dr. Kevin Hart (University of Virginia).

2   Lehner, *Enlightened Monks*.

3   Chatellier, *The Religion of the Poor*; idem, *The Europe of the Devout*; Bedouel-
    le, *The Reform of Catholicism*.

4   Trusen, „Der Inquisitionsprozess".

5   Siehe Rothschild, *The Inner Life of Empires*.

6   Egan, „John of the Cross", 282–283.

7   Vgl. die Definition von „Kerker" in der gegenwärtigen Rechtspraxis: Gar-
    ner, *Black's Law Dictionary*, 1213.

8   Nicht einmal die hervorragende Studie von van Dülmen, *Theater des Schre-
    ckens*, erwähnt Klosterkerker. Evans, *The Fabrication of Virtue*, 57–59, er-
    wähnt die Bemühungen des französischen Benediktiners Mabillon um eine
    Kerkerreform nur am Rande. Eine erwähnenswerte Ausnahme ist Chad-
    wick, *The Popes and European Revolution*, 239–244. Den besten Einblick in
    das frühneuzeitliche Klosterleben bieten Beales, *Prosperity and Plunder*,
    und Rapley, *A Social History of the Cloister*. Studien, welche zumindest die
    Geschichte der Klosterkerker anreißen, sind Ammerer, *Orte der Verwah-
    rung*, und Lesaulnier, *Port-Royal et la prison*. In der Orthodoxie, vor allem
    in Russland, waren Klosterkerker Verwahrungsorte für verurteilte Laien;
    vgl. Shubin, *Monastery Prisons*. Einen Einblick in die österreichischen Klos-
    terkerker bietet Mikoletzky, „Klosterkerker – Korrektionshäuser". Zur Si-
    tuation in Savoy konsultiere man Meyer, „Religiosi fuorillege".

9   Foucault, *Überwachen und Strafen*, 295–329. Spierenburg, *The Prison Expe-
    rience. Disciplinary Institutions in Early Modern Europe*. Zur Einkerkerung
    von Schuldnern im Mittelalter siehe Geltner, *The Medieval Prison*, 46–47.

10 Spierenburg, *Prison Experience*, 135–170.

11 Cassidy-Welch, *Imprisonment in the Medieval Religious Imagination*.

12 Jäger, „Mönchskritik und Klostersatire in der deutschen Spätaufklärung";
    für die italienische Diskussion über erzwungene Klostereintritte siehe
    Schutte, *By Force and Fear*, 23–51. Ein bekanntes Beispiel für anti-klösterli-
    che Propaganda ist Ignaz von Borns *Neueste Naturgeschichte des
    Mönchthums* (1802) oder Weber, *Die Möncherey*.

13 Bayerisches Hauptstaatsarchiv München: Kurbayern Aufsicht über die
    Klöster, vorl. Signatur Reutberg 11.

14 Das beste Beispiel für eine solche Geschichtsklitterung ist Wiedemann,
    „Die Klosterkerker in der Erzdiözese Wien". Eine der besten neueren Stu-
    dien zur kirchlichen Bestrafung ist nunmehr Hurel, „La prison et la cha-

rité". Die sechs Bände von Holsten und Brockie, *Codex Regularum Monasticarum et Canonicarum*, sind unverzichtbare Quellen zur Rekonstruktion frühneuzeitlicher, klösterlicher Regulierungen.

15 Held, *Jurisprudentia universalis*, c. 4, num. LVII, 254: „clericos et regulares torqueri posse ...“

16 Bayerisches Hauptstaatsarchiv München: KL Fasz. 4451a, fol. 277; 322–323.

17 Ein gutes Beispiel ist ein Kartäusermönch aus Prüll in Regensburg, der, des Fastens leid, über die Klausurmauer stieg und des Öfteren Regensburger Bratwürste verzehrte. Als er eines Nachts gefasst wurde, wurde er eingekerkert. Der Fall ist in einem Akt über Disziplin abgelegt: Bischöfliches Zentralarchiv Regensburg: Kartause Prüll, KL 31a Nr. 8, fol. 4v.

18 Kriminalprozessakten sind meist nur erhalten, wenn der örtliche Bischof involviert war. Ein rares Beispiel für einen klösterlichen Prozess und ein Urteilsdekret ist der Prozess gegen Bernhard Weinberger aus Benediktbeuern (1753), Hauptstaatsarchiv München: Bayerische Benediktinerkongregation, Rubrik 48 Benediktbeuern, Nr. 6.

19 Hurel, „La prison“, 122.

20 Zur Vermeidung von Skandalen im Mittelalter siehe Fossier, „Propter vitandum scandalum“.

21 *Annales Ordinis Cartusienis*, vol. 1, c. 8, sect. 3 („de capitulo de reprehensione“), num. 32–34. Siehe auch Rüthing, „Die Wächter Israels. Ein Beitrag zur Geschichte der Visitationen im Kartäuserorden“, 174, 176, 182. Für die Franziskaner siehe *Codex Redactus Legum Fratrum Minorum*, ch. XXXVII – *Capitulum Generale Paduae* (1443), num. 57, 66: „Secreta nostra non revelentur alicui extra ordinem“.

22 *Constitutiones Religionis Clericorum Regularium Pauperum Matris Dei Scholarum Piarum*, Canones Poenitentales, cap. 11 (De poena Revelantium Secreta Congregationis), 347. Für die Hieronymiten siehe *Constitutiones et Extravagantes Ordinis monachorum St. Hieronymi*, par. 29, 70. Ein anderer Passus beschreibt die Bestrafung derjenigen Ordensangehörigen, welche Geheimnisse preisgeben: „Caveant monachi ... vel indirecte verbo, aut scripto, per se, aut per alios, quomodolibet manifestare, aut revelare praesumant culpas graves, poenasque propter eas ipsis impositis: unde gravis infamia & manifestum dedecus nostro Ordini subsequi, & imminere possit.“ Die Augustiner-Chorherren hatten eine ähnliche Regel, von welcher Eusebius Amort berichtet; siehe *Vetus Disciplina Canonicorum Regularium et Saecularium*, vol. 2, pt. 2, cap. 13, 878. Sie listet spezifische Disziplinarprobleme auf, welche nie Laienaugen dargetan werden könnten. Für die Kamillianer siehe *Regula et Constitutiones Clericorum Regularium Ministrantium Infirmis*, 93: „Si quis secreta nostrae religionis explicaverit. Per secreta religionis intelliguntur omnia, ob quorum revelationem religioni provincia, monasterio, aut particulari personae grave prejudicium vel detrimentum evenire possit.“ Die deutschen Serviten bestraften einen Geheimnisverrä-

ter aus ihren Reihen mit drei Jahren Kerker und einer fünfjährigen Suspension seiner Wahlrechte; siehe Güntherode, *Die römische Religionskasse*, III: 283.

23 Bei den Franziskanern galt: „Nemini, sub poenis gravissimis, liceat revelare ea, quae discussa sunt in consultatione, culpiam extra ipsam" (*Codex Redactus Legum Fratrum Minorum*, c. LXXVIII – *Capitulum Generale Victoriae* (1694), num. 25, 418). Siehe auch *Constitutiones Urbanae Ordinis*, 303, can. 7.

24 *Constitutiones et Extravagantes Ordinis Monachorum S. Hieronymi*, 44.

25 Allgemeines Verwaltungsarchiv Wien: Bestand Alter Kultus, kath. Kirche 619, Sign. 63, Generalia, 339 ex 1783, Bericht der Kommission, undatiert, 109.

26 Wiedemann, „Klosterkerker", 431.

27 Hauptstaatsarchiv Stuttgart: B 40 Bü 478.

28 Allgemeines Verwaltungsarchiv Wien: Bestand Alter Kultus, kath. Kirche 619, Sign. 63, Generalia, 179 ex 1783, Bericht der lokalen Kommission in Linz an die Geistliche Hofkommission vom 23. April 1783; Geistliche Hofkommission an Joseph II. vom 13. Mai 1783, fol. 11–2.

29 Allgemeines Verwaltungsarchiv Wien: Alter Kultus, Kath. Kirche, sign. 63, Galizien, 74 ex Februario 1784, fol. 1316.

30 Allgemeines Verwaltungsarchiv Wien: Bestand Alter Kultus, kath. Kirche 619, Sign. 63, Generalia, 339 ex 1783, Bericht der Kommission, unterzeichnet von Hägele, an Graf Pergen, undatiert, 111–117.

31 Siehe Lehner, *Enlightened Monks*, 103–105; Kober, „Die Gefängnisstrafe gegen Kleriker und Mönche"; idem, „Die körperliche Züchtigung als kirchliches Strafmittel gegen Kleriker und Mönche. Zu den Benediktinern siehe ebenso Spilker, „Die Bußpraxis in der Regel des hl. Benedikt"; Heufelder, „Strenge und Milde: Die Strafkapitel der Benediktinerregel"; Hofmeister, „Vom Strafverfahren bei den Ordensleuten". Vgl. Krauss, *Im Kerker vor und nach Christus*.

32 Der Fall des Benedict Bräutigam aus der Kartause Mainz, wo er in einem finsteren Verlies fast zehn Jahre lang misshandelt wurde, bis er 1773 von staatlichen Autoritäten befreit wurde, ist dokumentiert bei Mangei, „Klosterhaft und Klosterregel – Außenseiter in monastischen Gemeinschaften", 61; Simmert, *Die Geschichte der Kartause zu Mainz*, 63–64. Zur Geschichte der Versorgung von Geisteskranken siehe Vanja, „Madhouses, Children's Wards, and Clinics: The Development of Insane Asylums in Germany"; vgl. auch den wichtigen Sammelband Grell et al. (eds.), *Health Care and Poor Relief in 18th and 19th Century Southern Europe*. Klassische Studien zu Gewalt und geistiger Verwirrung sind Foucault, *Wahnsinn und Gesellschaft. Eine Geschichte des Wahnsinns im Zeitalter der Vernunft*.

33 Scherhak, *Klosterkerker*, 100. Obwohl er am Beginn seiner Krankheit einen Gewaltausbruch hatte, wird er in den folgenden Jahren als stets friedlich beschrieben. Eine Quelle nennt ihn gar einen „heiligen Irren".

34 Allgemeines Verwaltungsarchiv Wien: Bestand Alter Kultus, kath. Kirche 619, Sign. 63, Generalia, 339 ex 1783, Summarische Aussage vom 19. Februar 1783, fol. 86. Der Klosterapotheker Br. Dionysios bestätigt, dass Nemesian sich vor Laien auf der Straße niederkniete, um ihren Segen zu empfangen (fol. 91), aber auch, dass er regelmäßig beichte und die Kommunion empfange.

35 Bayerisches Hauptstaatsarchiv München: Kurbayern Geistlicher Rat, Aufsicht über die Klöster, vorl. Sign München Augustiner 14.

36 Bayerisches Hauptstaatsarchiv München: Kurbayern Geistlicher Rat Aufsicht über die Klöster, vorl. Sign. Herrenchiemsee 30, Brief des Propstes vom 10. September 1786.

37 Bayerisches Hauptstaatsarchiv München: Kurbayern Geistlicher Rat, Aufsicht über die Klöster, vorl. Sign. St Zeno 18.

38 Archiv der Erzdiözese Salzburg: Alt 21/3, Behandlung Wahnsinniger in Klöstern.

39 *Statuta Generalia Cismontanae Familiae Ordinis Fratrum Minorum Sancti Francisci Reformatorum in capitulo generali Anno 1639* (Prag: 1677), c. 7 (Applicatio singularum poenarum singulis delictis), num. 6: „... genuflexus in publico ... debet in pane & aqua jejunare, ac omni suffragiorum jure biennio carcere."

40 Allgemeines Verwaltungsarchiv Wien: Bestand Alter Kultus, kath. Kirche 619, Sign. 63, Generalia, 339 ex 1783, Relations- und Kommissionsprotokoll vom 4. Februar 1783, fol. 68–69.

41 Staatsarchiv Düsseldorf: Kurköln VIIIm 795: Brief von Carl Nesselrod an den Erzbischof von Köln vom 7. Dezember 1781.

42 O'Leary, *Religious Dismissed After Perpetual Profession*, 53–54; Hofmeister, „Vom Strafverfahren", 33. Vgl. Hartmann, *Kirche und Kirchenrecht um 900*; Kéry, *Gottesfurcht und irdische Strafe*.

43 Kober, „Die Gefängnisstrafe gegen Kleriker und Mönche", 558; 562. Es ist wichtig festzuhalten, dass das neue Gesetzbuch Maria Theresias (1766) die Todesstrafe für Mord, Blasphemie, Zauberei, Apostasie, Sakrileg, Kindsmord und versuchten Selbstmord beibehielt (Beales, *Joseph II*, 548–550).

44 Zur Frage, ob das moderne Gefängnis die körperliche Züchtigung ersetzte, siehe Spierenburg, „Four Centuries of Prison History".

45 O'Leary, *Religious Dismissed*, 11–22; vgl. Logan, *Runaway*, 4–8. Zu den Beschränkungen von Ausschlüssen aus Orden vgl. Scherhak, *Die Klosterkerker*, 25–30; Kober, „Die Gefängnisstrafe", 69; Heufelder, „Strenge". Zum Dekret Urbans VIII., *Sacra Congregatio* von 1694, welches Ausweisungen aus einem Orden weiteren Beschränkungen unterwarf, siehe Hofmeister, „Vom Strafverfahren", 34–35.

46 *Statuta Provincilia*, 46.

47 *Constitutiones et Extravagantes Ordinis Monachorum S. Hieronymi*, 71. Es konnte auch niemand in den Orden aufgenommen werden, der noch bis

zum vierten Verwandtschaftsgrad von Juden oder Muslimen abstammte (83–84). Ähnliche Ermahnungen bezüglich Theateraufführungen, aber auch Gasthaus- und Brauereibesuchen finden sich in den Rundbriefen der thüringischen Franziskaner. Vgl. Plath, „Ein Beispiel klösterlicher Jurisdiktion im 18. Jahrhundert", 272.

48 Regula et Constitutiones Clericorum regularium ministrantium infirmis (1727), 92.

49 Riesner, Apostates and Fugitives from Religious Institutes 34; 39; 44–46.

50 Logan, Runaway Religious, 121–155.

51 Logan, Runaway Religious, 42–65. Die Norbertiner (Prämonstratenser) sahen in ihren Statuten sogar den Fall vor, dass ein Chorherr einen „lapsus carnis" erleide und eine Frau schwängere; siehe Holsten und Brockie, Codex Regularum, V, c. 8, 283.

52 Bayerisches Hauptstaatsarchiv München: Kurbayern Geistlicher Rat, Aufsicht über die Klöster, vorl. Sign. Schaeftlarn 24, Brief des Abtes vom 18. Juli 1788, und Brief des L. Stollreither vom 24 Juli 1788.

53 Archiv der Deutschen Franziskaner: PAB 02/4-105, fol. 457.

54 Archiv der Deutschen Franziskaner: PAB 02/4-105, fol. 457.

55 Lehner, Enlightened Monks, 134–135.

56 Bayerische Staatsbibliothek München: Oefeliana 63 c, 9. Januar 1752.

57 Archiv der Deutschen Franziskaner: PAB 2° PA II 13(2), fol. 339.

58 Archiv der Deutschen Franziskaner: PA I, 307.

59 Für schwere Vergehen wurde extremes Fasten vorgeschrieben (bei Wasser und Brot), das bis zu drei Tage die Woche auferlegt werden konnte. Im weltlichen Gefängnis gab es diese Bestrafung ebenso, sie wurde allerdings fast nie praktiziert, siehe Spierenburg, Prison Experience, 16.

60 Zum Jurisdiktionsrecht des Bischofs über die Priester siehe Concilium Tridentinum sess. VI, c. 4 de ref.; sess. XIV c. 4 de ref. Zum Recht des Bischofs, Kleriker zu arretieren, siehe Concilium Tridentinum sess. XXV, c. 6 und c. 14. Vgl. Kober, „Die Gefängnisstrafe", 575–76. Das Konkordat zwischen dem Heiligen Stuhl und Österreich-Ungarn von 1855 bestätigte das Recht der Bischöfe, Kleriker zu Gefängnisstrafen zu verurteilen: siehe Kober, „Die Gefängnisstrafe", 587–88. Über diözesane Korrektionsanstalten siehe May, Das Priesterhaus; Struber, Priesterkorrektionsanstalten.

61 Calmet, Commentarius litteralis, I, c. 24, 258: „Opponuntur culpae illae istis, quae ex malitia, ex prava cordis affectione, inobedientia, superbia, contemptu Regularum, Superioribus illata injuria, contumacia, incorrigibilitate, aut obduratione fiunt ... Primi generis culpae puniuntur per separationem a mensa: aliae vero per separationem a corpore fidelium per excommunicationem majorem." Die meisten Kommentatoren der Bendiktsregel verstehen die Exkommunikation allerdings dennoch als „großen Bann"; siehe Kober, „Die körperliche Züchtigung", 368. Auch die Franziskaner kannten diese Tradition; siehe Regula et Constitutiones Fratrum Poenitenti-

um, sect. VIII, art. 2, num. 4, 150: „Excommunicationis nomine non intelligimus censuram ecclesiasticam, sed poenam mere regularem."

62 Calmet, *Commentarius litteralis*, c. 25, 260–261.

63 *Constitutiones Fratrum Coelestinorum Provinciae Franco-Gallicanae*, lib. III, II pars, 233: „... deinde mittatur in carcerem, ubi ferreis vel ligneis (si expediens fuerit) compedibus astringatur ..."

64 Siehe etwa die Kassinensische Benediktinerkongregation von1670 in Güntherode, *Die römische Religionskasse*, II, num. 17, 348.

65 Kober, „Die körperliche Züchtigung", 386. Nur die *Regula Magistri ad monachos* aus dem 6. Jahrhundert erlaubt nach Kober die Auspeitschung bis zum Tode, „usque ad necem" (ibid., 388). Zum franziskanischen Strafrecht siehe Sinistrari, *Practica criminalis illustrata*, I, tit. XVI, § 2, 583: „In gravioribus delictis arctatione, flagellis, jejuniis, taxillis, vel sibilis iudices uti permittuntur. Itaut de mendacio, vel de crimine, suspecti nudi, cum solis femoralibus manibus ligati, per tria intervalla flagellis superioris arbitrio dire torqueri possint; et pane et aqua macerari; idque bis vel ter replicari, prout ratio suaserit. Arctatus nesciat tempus, in quo ter in hebdomada in pane & aqua jejunare debet, et sibi disciplinae flagella in publico Refectorio infligere unius *Miserere mei* & c. spatio."

66 Güntherode, *Die römische Religionskasse*, I, num. 17, 196: „Quod si delictum publicum fuerit apud seculares, disciplina conventuali flagelletur ..." Vgl. auch *Magnum Bullarium Romanum*, XI, 152.

67 Güntherode, *Die römische Religionskasse*, III, 338–339; vgl. auch *Constitutiones et Extravagantes Ordinis Monachorum S. Hieronym*, 68.

68 Geltner, *The Medieval Prison*, 72. Über mittelalterliche Gefängnisse siehe Lusset, „Entre les murs" Pugh, *Imprisonment*; Leclerq, *Libérez*; Cassidy-Welch, „Incarceration".

69 Kober, „Die Gefängnisstrafe", 575–79.

70 *Regula Primitiva*, cap. 31, p. 4 (de carcere), 160–162. Über die Lektüre spiritueller Bücher in weltlichen Gefängnissen siehe Spierenburg, *Prison Experience*, 175–178.

71 *Constitutiones Fratrum Discalceatorum Beatissimae Virginis Mariae de Monte Carmelo Primitivae Observantiae Congregationis Hispaniae* (1787), part 4, c. 4, 340.

72 *Regula et Constitutiones Fratrum Poenitentium Tertii Ordinis Sc. Francisci*, 132: „... incarceratis non, nisi post annum, administretur."

73 Antonius a Spiritu Sancto, *Directorium Regularium*, tract. 4, disp. 3, § 5, 77ff.

74 Ibid., num. 405, 77: „... immo ei permittitur missae sacrificium quotidie celebrare in oratorio ad hoc iuxta carcerem ..."

75 Ibid., num. 407, 78.

76 *Constitutiones Fratrum Discalceatorum* (1787), 341.

77 Archiv der deutschen Franziskaner: PAB 2° PA II 19/5, fol. 334.

78 Allgemeines Verwaltungsarchiv Wien: Bestand Alter Kultus, kath. Kirche 619, Sign. 63, Generalia, 339 ex 1783, Bericht vom 19. Februar 1783, fol. 81–84v, unterzeichnet von Franz Karl Hägelin, Johann B. von Zollern, Maximilian Stoll und Friedrich Schilling. Zu den Biografien der Kommissare siehe Scherhak, *Klosterkerker*, 96.

79 Stöhlker, „Die Kartause St. Veith in Prüll", 19. Ein seltener Fall, in dem die Liebesbriefe eines Mönches (allerdings nicht an eine Nonne) noch erhalten sind, ist der des Benediktbeurer Mönches Bernhard Weinberger. Er wurde 1753 wegen sexueller Beziehungen zu Frauen zum Kerker verurteilt; siehe Bayerisches Hauptstaatsarchiv München: Bayerische Benediktinerkongregation, Rubrik 48 Benediktbeuern, Nr. 6.

80 Scholz, „Die Kartause Mauerbach", 102; Boguth, „Die Aufhebung der Kartause Mauerbach", 301.

81 Sgroi, *Lux Praelatorum*, pt. 4, ch. 17, num. 36, 455.

82 *Constitutiones Fratrum Discalceatorum* (1787), 341. Über Gefängniswärter in weltlichen Einrichtungen siehe Spierenburg, *Prison Experience*, 105–134.

83 Allgemeines Verwaltungsarchiv Wien: Bestand Alter Kultus, kath. Kirche 619, Sign. 63, Generalia, 339 ex 1783, fol. 13–18 vom 27. Januar 1783, fol. 13. Dies ist der berühmte Brief des Ex-Kapuziners Ignaz Fessler an Kaiser Joseph II. In seinen Lebenserinnerungen datiert ihn Fessler irrtümlicherweise auf den 24. Februar (Fessler, *Rückblicke*, 93–97).

84 Allgemeines Verwaltungsarchiv Wien: Bestand Alter Kultus, kath. Kirche 619, Sign. 63, Generalia, 339 ex 1783, Relation und Kommissionsprotokoll vom 4. Februar 1783, fol. 74. Zu Thuribius siehe Scherhak, *Klosterkerker*, 95f.

85 Becker, *Geschichte meiner Gefangenschaft*. Abgedruckt in Geismar, *Die politische Literatur der Deutschen im achtzehnten Jahrhundert*, 153–171.

86 Provinzarchiv der Franziskaner in Wien: Schuber 74, fasz. B. Nr. 29 (alte sign. E/1). Freundliche Mitteilung von Dr. Irmgard Zwingler.

87 Fessler, *Rückblicke*, 94–96. *Allgemeines Verwaltungsarchiv Wien: Bestand Alter Kultus, kath. Kirche* 619, Sign. 63, Generalia, 339 ex 1783, fol. 13v.

88 Scherhak, *Klosterkerker*, 86; Wiedemann, „Klosterkerker," 436.

89 Schickard, *Jus Regium Hebrorum*, 59.

90 McManners, *Church and Society*, I, 196 kennt das Gefängnis des Erzbistums Paris, nämlich „in einem Turm im ersten Hof des bischöflichen Palastes. Im ganzen achtzehnten Jahrhundert wurde niemand (kein Laie) im Gefängnis der *officialité* in Montpellier in einem dunklen Keller im Kreuzgang ohne Türschloss eingesperrt". In Band 2 gibt uns McManners weitere Beispiele, wie etwa das Gefängnis von Pierre Encicse (II, 378), wo man „in einer dunklen Zelle im Felsen einkerkerte, mit einem ekligen Eimer für die Notdurft, der nur einmal pro Woche geleert wurde". Siehe ibid., II, 414–16, zur Einkerkerung des Jansenistenbischofs Jean Soanen von Senez im Jahr 1727. Eine weitere Quelle ist ein Bericht des China-Missionars François-Regis Clet (1748–1820), der die Gefängnisse Chinas als humaner einstufte als

die Klosterkerker Frankreichs: „In Frankreich hörte ich oft von Verliesen und schwarzen Löchern, in denen Menschen, die auf ihr Gerichtsurteil warten, in Elend gehalten werden. Ich fühle mich deshalb gezwungen, Ihnen etwas über die Gefängnisse in China zu erzählen, nur um die Christen vor Scham erröten zu lassen, da sie in der Behandlung einer unglücklichen Bevölkerungsschicht weniger human sind als die Chinesen." Vgl. Clark, *China's Saints*, 5.

91 Fagnani, *Commentaria*, decretalium, de verborum significatione, novimus, 215–216. ibid.: „Officiales tali morte aliquos exponentes homicidiae & irregulares reputantur." Zur Pflicht des Oberen zur Lebenserhaltung seiner Mönche im Mittelalter siehe Marmursztejn, „Issues obligatories", 79–80.

92 Sanchez, *Consilia seu Opuscula Moralia*, II, lib. VI, ch. 4, dub. 11, 186: „Sit conclusio. Religiosi qui juste capti sunt & in carcere, vel custodia suorum Praelatorum detenti, fugere non possunt, nec a talibus locis sibi praefixis exire. Ratio, quia per Religionis vota privarunt se naturali libertate, quam habebant fugiendi & se obligarunt in castris ad voluntatem suorum Praelatorum manere. Ita ... limitant Navar. & Salzedo cum licet poena carceris justa sit, at modus exeuendi est valde injustus & a charitate Christiana valde alienus, & ibi proponunt exempla." Zu den Frauenorden siehe Pellizario, *Tractatio de Monialibus*, c. 5, q. 22, num. 58–59, 128–29.

93 Allgemeines Verwaltungsarchiv Wien: Bestand Alter Kultus, kath. Kirche 619, Sign. 63, Generalia, 503 ex 1783, fol. 8v.

94 Maass, *Josephinismus*, vol. 3, 361.

95 Leopold Pilati, *Origines Juris Pontificii Ad Carolum Sextum* (Trient: 1739), lib. 5, tit. 10, 630.

96 Johann Gottfried Eichhorn, *Allgemeine Geschichte der Cultur und Litteratur des neueren Europa*, vol. 1 (Göttingen: 1796), 329.

97 Der gut dokumentierte Prozess gegen den Augustiner Pasquale Perez de Bivador in Neapel (1757) verursachte die Aufhebung der Klosterkerker im Königreich Neapel. „Neuester Versuch, die Inquisition im Neapolitanischen einzuführen", *Le Bret's Magazin zum Gebrauch der Staaten- und Kirchengeschichte* 3 (1773): 160–195. Vgl. Chadwick, *The Popes and European Revolution*, 242–243.

98 Langbein, *Torture and the Law of Proof*, 50; Ernst von Kwiatkowski, *Die Constitutio Criminalis Theresiana*.

99 Sonnenfels, *Grundsätze der Polizey*, I, num. 60, 77–80; num. 61, 80–83.

100 Allgemeines Verwaltungsarchiv Wien: Bestand Alter Kultus, kath. Ktn. 619, Sign. 63, Generalia, 116 ex 1769, fol. 5–44 (Bericht des Philipp Graf Kolowrat vom 6. Oktober 1769). Ibid., Brief aus Leitmeritz 27. Juli 1769; Brief aus Königgrätz vom 30. Juli 1769; Regensburg vom 24. Juli 1769, Prag vom 5. August 1769.

101 Allgemeines Verwaltungsarchiv Wien: Bestand Alter Kultus, kath. Ktn. 619, Sign. 63, Generalia, 116 ex 1769, fol. 18–31.

102 Allgemeines Verwaltungsarchiv Wien: Bestand Alter Kultus, kath. Ktn.
619, Sign. 63, Generalia, 116 ex 1769, fol. 43-44.
103 Allgemeines Verwaltungsarchiv Wien: Bestand Alter Kultus, kath. Ktn.
619, Sign. 63, Generalia, 114 ex 1769, Bericht vom 18. August 1769,
fol. 18-20.
104 Archiv der Erzdiözese Salzburg: Alt 21/3, gedrucktes Hofdekret vom
31. August 1771.
105 Chadwick, *The Popes and European Revolution*, 241.
106 *Regel und Constitutionen*, II, 216: „Wann aber über alle diese angewende
Bußen und Gebett .... jedoch nichts will verfangen und selbe in ihrer Bosheit verharren, ist noch übrig, dass man sie einspörre in ein dunckles
Orth. ..."
107 *Regula S. P. Benedicti et Constitutiones Congregationis SS. Vitoni et Hydulphi*,
2, sect. 1, c. 17, 273: „cubiculum caute ibseratum, lucidum, salubre, in quo
inclusi ad tempus semper determinatum, pios legant libros ... et aliquos
opus habeant perficiendum."
108 Archiv der Deutschen Franziskaner: Saxonia Ib, fol. 95.
109 *Regula S. P. Benedicti et Constitutiones Congregationis S. Mauri*, cap. 22 (de
culpis et poenis), art. 4, 193-200.
110 Chevallier, *Lomenie de Brienne et l'ordre monastique*, I,195. Howard, *The State of the Prisons*, 139. Howard erwähnt auch das Klostergefängnis von
Gent: „Drei trostlose Verliese, neunzehn Stufen tief; in jedem ein kleines
Fenster; keine Gefangenen. Ich ging hinunter, doch dass ich aufmerksam
Notiz von der Größe der Fenster etc. nahm, erregte so sehr den Zorn des
Wärters, dass er meine Neugier nicht länger dulden wollte."
111 Lehner, *Enlightened Monks*, 105-107.
112 Mabillon, „Réflexions sur les prisons", englische Übersetzung bei Sellin,
„Jean Mabillon".
113 Sellin, „Jean Mabillon", 583.
114 Ibid., 586.
115 Sellin, „Jean Mabillon", 588: „Wie kann es jemand befürworten, Leute
mehrere Monate lang ohne Arbeit oder irgendeine Beschäftigung einzusperren? ... Was kann denn so ein armer Teufel tagelang, wochenlang oder
jahrelang ohne einen Trost, ohne geistlichen Beistand oder Beschäftigung
anfangen? ... Ist es nicht eine schier unerträgliche Versuchung, die
zwangsläufig in Verzweiflung, Wahnsinn oder wenigstens Niedergeschla-
genheit münden muss?"
116 Ibid., 587.
117 Ibid., 591.
118 Kober, „Die körperliche Züchtigung", 440. Ich spreche hier ausdrücklich
nur von der durch Ordensangehörige vollzogenen Züchtigung. Selbstzüch-
tigung, die durch den Oberen verordnet werden konnte, wurde von allen
posttridentinischen Orden gutgeheißen.

119 *Constitutiones Societatis Jesu*, 2. Teil.

120 *Magnum Bullarium Romanum*, II, 767–770.

121 Markus Friedrich, *Der lange Arm Roms. Globale Verwaltung und Kommunikation im Jesuitenorden*, 1540–1773 (Frankfurt/M.: Campus, 2011), 296–297.

122 Friedrich, *Der Lange Arm*, 328.

123 Bayerisches Hauptstaatsarchiv München: Jesuitica 364.

124 Bayerisches Hauptstaatsarchiv München: Jesuitica, 291–362. Generell sollte nur Männern der Eintritt in die Gesellschaft Jesu (Jesuiten) gewährt werden, „wenn ihre Eignung im Verhältnis zu dem Ausmaß steht, in dem sie sowohl mit natürlichen und erworbenen Gottesgaben ausgestattet sind, im Maße, als sie ihren Dienst entsprechend dem Zweck der Gesellschaft fördern … diejenigen, die als Koadjutoren zugelassen werden, mögen Männer … guten Gewissens, bedächtig, fügsam, nach Tugend und Vollkommenheit strebend, der Frömmigkeit hingegeben sein; Männer, die in ihrem Benehmen im Haus und außerhalb erbauende Haltungen an den Tag legen … die zu dienen begehren … zur Ehre Gottes." *Constitutiones Societatis Jesu*, 1. Teil, Kap. 2, num. 2, 6. Zu den Ausschlusskriterien siehe ibid., 1. Teil, Kap. 3, num. 1–16, 8–10. Zum Ausschluss aus der Gesellschaft Jesu siehe Friedrich, *Der lange Arm*, 300–302.

125 Lehner, *Enlightened Monks*, 27–30; Katzenberger, *Liber Vitae*, q. 2, 11.

126 Landeshauptarchiv Koblenz: Best. 1 C, Nr. 19646, Äbtissin von Boyneburg an Erzbischof Clemens Wenzeslaus vom 23. Juli 1784.

127 Bayerisches Hauptstaatsarchiv München: Kurbayern, Geistlicher Rat, Aufsicht über die Klöster, vorl. Signatur Niederaltaich 42.

128 Katharina Weikl, „Der Mensch will seinesgleichen haben. Katholische Aufklärung im Umgang mit Teufelserscheinungen und anderen Formen von Abweichung", *Würzburger medizinhistorische Mitteilungen* 26 (2007): 6–27.

129 *Constitutiones Urbanae Ordinis Fratrum Minorum*, 38–39; *Magnum Bullarium*, III, 144–47. Siehe auch *Statuta Provincialia*, 3–5. Über die Illegitimität als Weihehindernis im Mittelalter siehe Landau, „Das Weihehindernis der Illegitimität in der Geschichte"; zur illegitimen Herkunft als Hindernis für die Klosterprofess siehe Schreiner, „Defectus natalium"; zu Illegitimität und Dispens von Gelübden siehe Schutte, *By Force and Fear*, 56, 70. Die deutschen und böhmischen Serviten schlossen außerdem jeden an Syphilis Erkrankten von der Aufnahme in den Orden aus; siehe Güntherode, *Die römische Religionskasse*, III, 257: „In Ordinem nostrum non recipiantur morbo foedo gallico laborantes." Vgl. Jütte, „Syphilis and Confinement".

130 Archiv der Deutschen Franziskaner, Paderborn: PAB 2° PA II 19/3, fol. 326 (1742). Dies galt auch dann, wenn der Sprössling nachgeburtlich, durch den Pfalzgrafen, wie hier angegeben, legitimiert wurde.

131 Güntherode, *Die römische Religionskasse*, II, num. 17, 355.

132 Schutte, *By Force and Fear*, 252.

133 Friedrich, *Der lange Arm*, 299–303; zur Abnahme körperlicher Gewalt Ruff, *Violence in Early Modern Europe*, 110–113.

134 Foucault, *Überwachen und Strafen*, 45; 93; 96–97; Ruff, *Violence in Early Modern Europe*, 73–117.

135 Pirhing, *Jus canonicum*, lib. 5, tit. 25, num. 1, 280: „Quanquam quae de percussione Clericorum, praesertim saecularium, statuta sunt, fere in desuetudinem abierint." Zu den Statuten der Norbertiner (Prämonstratenser) und ihrem Strafenkatalog siehe Holsten und Brockie, *Codex Regularum*, V, c. 8, num. 10, 285–86; vgl. auch Kober, „Die körperliche Züchtigung", 68. Zur Geschichte der diözesanen Korrektionsanstalten siehe die einschlägigen Studien von May, *Das Priesterhaus*; Struber, *Priesterkorrektionsanstalten*.

136 Friedrich Keinemann, *Das Hochstift Paderborn am Ausgang des 18. Jahrhunderts* vol. 1 (Paderborn: 1996), 54–71, at 63. Cf. Johann Seibertz, *Westfälische Beiträge zur deutschen Geschichte*, vol. 1 (Darmstadt: 1819), 35–40 zu Beckers angeblicher Leugnung der Trinität.

137 Anonym, *Aktenmäßige Darstellung des wider den .... Ferdinand Becker in Paderborn geführten Inquisitionsprozess ...* (Mengeringhausen: 1802), 240–241; Keinemann, *Das Hochstift Paderborn*, vol. 1, 68.

138 Ferdinand Becker, *Geschichte meiner Gefangenschaft im Franziskanerkloster zu Paderborn. Ein Beitrag zur Sitten- und Aufklärungsgeschichte des Hochstifts Paderborn* (Rudolstadt: 1799) 35–40.

139 Beales, *Prosperity and Plunder*, 291.

140 Schutte, *By Force and Fear*.

141 Siehe Ströbele, *Zwischen Kloster und Welt*.

142 Langbein, *Prosecuting Crime in the Renaissance*, 137; 140–212. Zum Einfluss des Katholizismus auf das moderne Strafrecht siehe Müller, „Der Einfluss der Kirche".

143 *Constitutiones Urbanae*, 295.

144 Passerino, *Regulare Tribunal*, q. 21, num. 13, 280. Sgroi machte ebenfalls deutlich, dass ein Oberer, der einen Untergebenen ungerechterweise inkarzeriert, sich die Tatstrafe der Exkommunikation zuzieht; siehe Sgroi, *Lux Praelatorum*, pt. 4, c. 17, num. 32, 454: „Carcerans injuste religiosum ipso facto excommunicationem ..." ibid., num. 33, 455.

145 *Der Criminalprocess der Franciscaner*.

146 Philipp Wilhelm Freiherr von Linder aus Regensburg an den Erzbischof von Mainz am 16. Januar 1770, in Haus-, Hof- und Staatsarchiv Wien: MEA 72b, fol. 75ff. Zu Paumann existieren im Moment nur zwei tendenziöse Lebensbilder, von Lipowsky, *Gemälde aus dem Nonnenleben* und Anonymus, *Magdalena Paumann*. Dr. Irmgard Zwingler bereitet eine monografische Studie über Paumann vor.

147 Güntherode, *Die römische Religionskasse*; idem, *Das römische Gesetzbuch*. Ein protestantisches Beispiel sind die Übersetzungen von Eisenschmid, *Römisches Bullarium*.

148 Reiffenstuel, *Jus canonicum universum*; van der Kerckhove, *Methodus*. Der anonyme Verfasser des *Criminalprocess* benutzte eine Kölner Ausgabe von Kerckhove aus dem Jahre 1712, die mir nicht zugänglich war. Sinistrari, *Practica Criminalis*, 2 vols. Die ursprüngliche *Practica Criminalis*, d. h. die Strafgerichtsordnung der Franziskaner, wurde 1639 verabschiedet. Sinistrari kommentiert dieses Werk. Für Sinistrari, *Formularium Criminale*, benutzte der Autor die Ausgabe von 1754.

149 *Der Criminalprocess der Franciscaner*, 12–17. Reiffenstuel, *Jus canonicum*, V, § 6 (De visitatione Regularium), fol. 26–29; Hofmeister, „Vom Strafverfahren", 27.

150 *Der Criminalprocess der Franciscaner*, 17–20. Reiffenstuel, *Jus canonicum*, V, § 7 (De processu criminali), V, num. 309, fol. 30: „Si in visitatione ordinaria eidem etiam paterne tantum denuntiantur crimina excepta, vel publica, prout publicum opponitur private, quae videlicet in publicum detrimentum vergunt, qualia sunt: 1. Haeresis, 2. Crimen laesae Majestatis. 3. Blasphemia. 4. Crimen Sacrilegii, ut sortilegia & prophanationes Sacrorum. 5. Latrocinium & grassationes viarum publicarum. 6. Crimen Assassinii. 7. Crimen falsae Monetae. 8. Simonia ... Porro in dicta nostra Practica Criminali pro ordine nostro Seraphico, inter crimina excepta & publica insuper numerantur Conspiratio in Generalem, vel Provincialem, vel eorum Commissarios, aut etiam in Superiores locales; eorum item homicidia, vulnerationes, vel percussiones; item subornationes in electionibus ... Item peccatis exceptis annumerantur Sodomia & Sacrilegium cum Monacha. Item fornicatio & adulteria ..."

151 Danz, *Grundsätze der summarischen Prozesse*, 3–4.

152 Reiffenstuel, *Jus canonicum*, V, § 7 (De processu criminali), num. 314, 30: „Processus Criminalis Regularium ... non ordinarius, sed tantum summarius est, in eoque non nisi simpliciter & de plano proceditur ..." Zum summarischen Prozess siehe auch L. Sedatis, „Summarischer Prozess", in *Handwörterbuch der Rechtsgeschichte* 78–80; Hofmeister, „Vom Strafverfahren", 30.

153 Reiffenstuel, *Jus canonicum*, V, § 7 (De processu criminali), num. 320, fol. 31.

154 Cf. Langbein, *Torture and the Law of Proof*, 49.

155 Reiffenstuel, *Jus canonicum*, V, Tit. 1, § 8 (Compendiosa ... Instructio practica rite formandi Processum Criminalem), num. 338, fol. 33; I, § 8, num. 547, 67: „... Si Reus in conspectu ipsius judicis .... peccat, v.g. blasphemat, Judicem percutit ...." Zum Unterschied zwischen einem Anklageprozess und einem inquisitorischen Prozess vgl. Langbein, *Prosecuting Crime*, 129–39; Jerouschek, „Die Herausbildung des peinlichen Inquisitionspro-

zesses"; über die Denunzierung im deutschen Recht siehe Koch, *Denunciatio*, bes. 57–66; 84–91.

156 Archiv der Deutschen Franziskaner, Paderborn: PAB 2° PA II 19/3, fol. 85.

157 *Der Criminalprocess der Franciscaner*, 25–34. Zu den Formalitäten siehe Reiffenstuel, *Jus canonicum*, V, Tit. 1, § 8 (De praxi formandi processum), num. 340, fol. 34. Zur Ernennung des Notars siehe ibid., num 344ff. Zur Möglichkeit, Anschuldigungen vonseiten von Mönchen tadelhaften Charakters usw. fallen zu lassen, vgl. Sinistrari, *Formularium Criminale*, sect. II, adnot. III, num. 25, 59: „Accusationes contra Praelatos & personas insignes non sunt recipiendae, nisi sint datae a Religiosis, de quorum zelo non ambigatur."

158 *Der Criminalprocess der Franciscaner*, 38–55. Reiffenstuel, *Jus canonicum*, V, tit. I, § 8 (de praxi formandi processum per viam denuntiationis), num. 534ff., 65.

159 *Der Criminalprocess der Franciscaner*, 56.

160 Plath, „Ein Beispiel klösterlicher Jurisdiktion", 275–276. Für Beispiele klösterlicher Disziplinprobleme in Frauenklöstern siehe Rapley, *A Social History*, 49–62.

161 Plath, „Ein Beispiel klösterlicher Jurisdiktion", 277–280.

162 Bayerisches Hauptstaatsarchiv München: KL Bayerische Franziskanerprovinz 155, Liber delinquentium.

163 KL Bayerische Franziskaner Provinz 154, fol. 27.

164 *Constitutiones Urbanae Ordinis Fratrum Minorum*, 299.

165 Archiv der Deutschen Franziskaner, Paderborn: PAB 2° PA II 19/3, fol. 197–199; 205.

166 Archiv der Deutschen Franziskaner, Paderborn: PAB 2° PA II 19/3, fol. 19 (1738).

167 Archiv der Deutschen Franziskaner: PA B II 105, fol. 457–458.

168 Bayerisches Hauptstaatsarchiv München: KL Bayerische Franziskanerprovinz 155, Liber delinquentium, fol. 78.

169 Bayerisches Hauptstaatsarchiv München: KL Bayerische Franziskanerprovinz 265, fol. 5–7.

170 Bayerisches Hauptstaatsarchiv München: Bayerische Franziskanerprovinz ad 6, fol. 123.

171 Archiv der Deutschen Franziskaner, Paderborn: PAB 2° PA II 19/3: Protokoll 1729, fol. 23.

172 Archiv der Deutschen Franziskaner, Paderborn: PAB 2° PA II 19/1, fol. 72.

173 Archiv der Deutschen Franziskaner, Paderborn: PAB 2° PA II 19/1, fol. 10.

174 Archiv der Deutschen Franziskaner, Paderborn: PAB 2° PA II 19/3, fol. 84.

175 *Der Criminalprocess der Franciscaner*, 61–62; Reiffenstuel, *Jus canonicum*, V, tit. I, § 8 (de visitatione corporis delicti), num. 356–59, fol. 36–37.

176 Sinistrari, *Formularium Criminale*, sect. III, 103f.

177 *Der Criminalprocess der Franciscaner*, 80–90.

178 *Der Criminalprocess der Franciscaner*, 92; Sinistrari, *Formularium*, sect. IV, num. XXIV, 141. Zur Entwicklung der Kronzeugenregelung aus dem Inquisitionsprozess siehe Jerouschek, „Jenseits von Gut und Böse".

179 Sinistrari, *Formularium*, sect. III, num X, 107.

180 Sinistrari, *Practica criminalis*, I, tit. 19, § 3, 661; *Der Criminalprocess der Franciscaner*, 139–140; zur unterschiedlichen Arten der Folter, die bei säkularen Prozessen zur Anwendung kamen, vgl. Langbein, *Torture and the Law of Proof*.

181 Zum begrifflichen Unterschied zwischen Folter und Bestrafung vgl. Langbein, *Torture and the Law of Proof*, 3; *Black's Dictionary of Law*, 1498.

182 *Der Criminalprocess der Franciscaner*, 95; 135.

183 Archiv der deutschen Franziskaner: Saxonia Ib, fol. 415–416.

184 Langbein, *Prosecution*, 179; 186–87; 273. Das französische Strafsystem „kennt einen professionellen Strafverfolger, dem es obliegt, Beweise zu sammeln, der wohl einigen Druck auf sich lasten fühlte, seine Aufgabe gut genug zu erledigen, um die Notwendigkeit der Folter zu umgehen. Die Entscheidung zur Folter wird so ernst genommen, dass der Richter verpflichtet ist, sie seinem Beraterstab vorzulegen ... Dies sind Gründe zur Annahme, dass die französische Praxis tatsächlich weniger von Folter bestimmt war als die deutsche, trotz des größeren Augenmerks der deutschen Rechtsprechung auf die Wahrung der Rechte des Angeklagten." (ibid., 241).

185 Rother „Zwischen Utilitarismus und Kontraktualismus".

186 Simon, *Institutiones Canonicae*, lib. 4, tit. 2, 1122–34; tit. 3, 1134–40; tit. 4, 1140–47. Zur Veränderung juristischen Denkens hinsichtlich der Folter siehe Langbein, *Torture and the Law of Proof*.

187 Zu Sonnenfels siehe Cattaneo, *Aufklärung und Strafrecht*, 49–53; Beales, *Joseph II*, 529–30; 548, 655. Zur Abschaffung der Folter in Europa siehe Schmoeckel, *Humanität und Staatsraison*, 69–70; 178–86.

188 Sinistrari, *Practica criminalis illustrata*, I, tit. XVI, 580–581. Cf. Sambuca, *Constitutiones et statuta generalia cismontanae familiae Ordinis Sancti Francisci*, c. 7, § 17–18, 73. Zur Bestrafung der Sodomie bei den Prämonstratensern siehe Holsten und Brockie, *Codex Regularum*, V, c. 8, num. 9, 283.

189 Allgemeines Verwaltungsarchiv Wien: Bestand Alter Kultus, kath. Kirche 619, Sign. 63, Mähren und Schlesien, 3 ex November 1783, Brief von Wolfgang und Rosalia Baldhauser vom 14. September 1783.

190 *Der Criminalprocess der Franciscaner*, 98–99; Sinistrari, *Practica criminalis*, I, tit. XVI, 581.

191 *Der Criminalprocess der Franciscaner*, 100–101. Sinistrari, *Formularium*, sec. VII, num. I, 292–93.

192 Sinistrari, *Practica criminalis illustrata*, I, tit. XVI, § 2, 583. Vgl. *Der Criminalprocess der Franciscaner*, 108–110.

193 Sinistrari, *Formularium*, sect. VII, num. XI, 302–303. Eine Illustration bei Langbein, *Torture and the Law of Proof*, 25–26.

194 Sinistrari, *Formularium*, sect. VII, num. XI, 302–303. *Der Criminalprocess der Franciscaner*, 111–119.

195 *Der Criminalprocess der Franciscaner*, 131.

196 *Der Criminalprocess der Franciscaner*, 124; Sinistrari, *Formularium*, sect. VII, num. XXIX, 316: „Forma Torquendi per Ignem. Tortura Ignis .... antiquitus ita exercebatur. Reus compeditus & manicatus, sedebat in plano camerae tormentorum, nudatis pedibus; mox plantae pedum ungebantur lardo porcino; subinde patella ferrea plena prunis ardentibus approximabatur ad distantiam palmi unius, cum dimidio, sicque pedes exustulabantur, itaut intolerabilis causaretur dolor. Sed tortura haec, ut nimis barbara & periculosa, antiquata est ...“

197 Archiv der Deutschen Franziskaner: PAB 2° PA II 19/4, fol. 15.

198 Archiv der Deutschen Franziskaner: PAB 2° PA II 19/4, fol. 39.

199 Archiv der Deutschen Franziskaner: PAB 2° PA II 19/4, fol. 47.

200 Archiv der Deutschen Franziskaner: PAB 2° PA II 19/4, fol. 64.

201 Archiv der Deutschen Franziskaner: PAB 2° PA II 19/4, fol. 161–162.

202 Archiv der Deutschen Franziskaner: PAB 2° PA II 19/5, fol. 72.

203 Archiv der Deutschen Franziskaner: PAB 2° PA II 19/4, fol. 72 (1747).

204 *Der Criminalprocess der Franciscaner*, 125; Sinistrari, *Practica criminalis*, I, tit. XVI, § 1, num. 5, 581.

205 Sinistrari, *Practica criminalis*, I, tit. XIX, § 3, num. 10, 660.

206 *Der Criminalprocess der Franciscaner*, 140–151.

207 Sinistrari, *Practica criminalis*, I, tit. XIX, § 7, 675: „Reus citatus, nec comparens declarandus est contumax.“ Ibid., § 9, 683.

208 Reiffenstuel, *Ius canonicum*, Tit. I, § 7, num. 406, 43. Vgl. Die Verhörmethoden im *Malleus Maleficarum* für Hexenprozesse, siehe Decker, *Witchcraft and the Papacy*, 66.

209 *Der Criminalprocess der Franciscaner*, 166–197. Cf. Sinistrari, *Practica criminalis*, I, 1, tit. XIX, § 4, num. 17–23, 662–668.

210 Reiffenstuel, *Ius canonicum*, § 7, num. 407, 44; *Der Criminalprocess der Franciscaner*, 155–156; Vgl. Oehninger, *Wölfe in Schaf-Kleidern*. Zu Suggestivfragen im Kriminalprozess siehe Langbein, *Torture and the Law of Proof*, 5; 1; Langbein, *Prosecution*, 183.

211 *Der Criminalprocess der Franciscaner*, 192.

212 Langbein, *Prosecution*, 77–78; 233; 235–37; Langbein, „The Prosecutorial Origins of Defence Counsel“; Beattie, „Scales of Justice.“.

213 *Der Criminalprocess der Franciscaner*, 205; Reiffenstuel, *Ius canonicum*, Tit. 1, § 8, num. 441: „advocatum ex Ordine“.

214 *Der Criminalprocess der Franciscaner*, 206–207. Der auf diesen Seiten zitierte Text stammt nicht von Reiffenstuel, wie der Verfasser des *Criminalprocesses* meint, sondern von Sinistratri, *Practica criminalis*, I, 1, Tit. XX, § III, 710.

215 *Der Criminalprocess der Franciscaner*, 217–227.

216 Oehninger, *Wölfe in Schaf-Kleidern*, 220–229.
217 Ibid., 234–235.
218 Melfi, *Poenalium*, pt. 1, c. 4, 167.
219 Oehninger, *Wölfe in Schaf-Kleidern*, 16–28.
220 Ibid., 29–33.
221 Ibid., 44. Oehninger beruft sich auf Habsheim, *Summula selectarum questionum*, sect. V „electio", additio num. 166, 463.
222 Ibid., 54.
223 Anonymus, „Trauriges Schicksal des P. Anianus". Die biografischen Daten zu Horn entstammen einem Brief des Archivs der Bayerischen Kapuzinerprovinz vom 7. November 2011.
224 Anonymus, „Widerlegung der Fabel von P. Anian".
225 Anonymus, „Beleuchtung der vorgeblichen Bestätigung der Geschichte des Pater Anians".
226 Staatsarchiv Würzburg: HV Ms. f. 205 (Chronik des Johann Andreas Geissler), fol. 52–52r.
227 Archiv der deutschen Franziskaner: Saxonia Ia, fol. 103.
228 Archiv der Deutschen Franziskaner, Paderborn: PAB 2° PA II 19/3: Protokoll, fol. 145. Ein ähnlich düsteres Bild liefert Hasse, *Klosterzwang und Klosterflucht.*
229 *Der Criminalprocess der Franciscaner*, 231; Sinistrari, *Practica criminalis*, I, tit. XXI, § IV, 770; Reiffenstuel, *Jus canoncium*, V, § VIII, tit. I, 60.
230 Hauptstaatsarchiv München: Bayerische Benediktinerkongregation, Rubrik 48 Benediktbeuern, Nr. 6.
231 Hemmerle, *Die Benediktinerabtei Benediktbeuern*, 653–654.
232 Archiv der Deutschen Franziskaner, Paderborn: PAB 2° PA II 19/3, fol. 147.
233 Archiv der deutschen Franziskaner: Saxonia Ib, fol. 437.
234 *Der Criminalprocess der Franciscaner*, 242.
235 Ibid., 242–43.
236 Sinistrari, *De delictis*, tit. 2, § 3 (Applicatio mala), num. 23, 62.
237 Archiv der Deutschen Franziskaner, Paderborn: PAB 2° PA II 19/3, fol. 182.
238 Archiv der Deutschen Franziskaner, Paderborn: PAB 2° PA II 19/3, fol. 220.
239 *Der Criminalprocess der Franciscaner*, 243–244; Reiffenstuel, *Jus canoncium*, V, § VIII, tit. I, num. 519, 64: „... appellationem esse manifeste frivolam ... appellantem ad duplicem poenam condemnare debet." Vgl. Chadwick, *The Popes*, 240.
240 Allgemeines Verwaltungsarchiv Wien: Bestand Alter Kultus, kath. Kirche 619, Sign. 63, Generalia, 132 ex 1779, fol. 1. Wiederabdruck des Dekrets über die Kartäuser in Maass, *Josephinismus*, III, 366.
241 Güntherode, *Die römische Religionskasse*, III, 283.

242 Der Criminalprocess der Franciscaner, 245; Sinistrari, Practica criminalis, I, tit. V, § IV, 234: „Carceris poena est alicuius reclusio in observato loco sine chorda & caputio. Includit privationem actuum legitimorum."

243 Pellizario, Tractatio de Monialibus, c. 8, q. 48, num. 66, 255.

244 Hessisches Staatsarchiv Darmstadt: Bestand E 5 B, Nr. 2334, Priorin Catharina Antonia Reiderin an den Mainzer Generalvikar vom 30. September 1778, fol. 6.

245 Der Criminalprocess der Franciscaner, 247; Sinistrari, Practica criminalis, I, 1, tit. VI, 333. Vgl. Güntherode, Die römische Religionskasse, III, 281.

246 Langbein, Torture and the Law of Proof, 30–31.

247 Sinistrari, Practica criminalis, I, tit. V, num. 108–109, 28687; vgl. Statuta Generalia Cismontanae (1639), c. 7, num. 13, 55.

248 Langbein, Torture and the Law of Proof, 31; Maasburg, Die Galeerenstrafe, 14–15; Frauenstädt, „Zur Galeerenstrafe in Deutschland". Vgl. Bamford, Fighting Ships and Prisons; Castan und Zysberg, Histoire des galères; Romanus und Brummer, Dissertatio juridica ... de perrara poena ad triremes.

249 Ausführliche Nachricht von der vor kurzem zu Verviers im Bisthume Lüttich durch einen Priester namens Pierlot begangenen abscheulichen Morthaten (Wien: 1786), n.p.

250 Ausführliche Nachricht, ibid.

251 Constitutiones Religionis Clericorum, p. 2, cap. 9, 346.

252 Statuta Generalia Cismontanae, c. 7, num. 9, 55.

253 Regula et Constitutiones Clericorum regularium, 92: „Si quis abortum procuraverit, consilium dedderit, aut auxilium ante, vel post animationem foetus, et specialiter effectu secuto." Vgl. Melfi, Poenalium, pt. 1, c. 4, 157).

254 Regula et Constitutiones Clericorum regularium ministrantium infirmis (Rom: 1727), 92.

255 Haus-, Hof- und Staatsarchiv Wien: MEA 72b, 19. Februar 1770, fol. 33–35; Haus-, Hof- und Staatsarchiv Wien: MEA 72b, 13. Februar 1770, fol. 57v–58.

256 Die Behandlung in der frühen Neuzeit scheint mittelalterlichen Traditionen zu folgen. Vgl. Lusset, „Propriae Salutis".

257 Pellizario, Tractatio de Monialibus, c. 9, num. 12; für Kämpfe unter Nonnen siehe c. 8, num 34, 246.

258 Archiwum Państwowe we Wrocławiu/Breslau, Poland: Rep. 67 sygn. 3466b. Ich danke Herrn Prof. Dr. Ulrich G. Leinsle (Regensburg) für diesen Hinweis. Vgl. Den Mordfall der Schwester Virginia Monza bei Vigorelli, Vita e processo di suor Virginia Maria de Leyva.

259 Pellizario, ibid., 246 erwähnt die Meinung Kardinal Cajetans, dem zufolge eine Nonne, die eine solche Abtreibung vornimmt, nicht exkommuniziert sei. Siehe aber Alexandris, Confessarius Monialium, c. 11, § 8, q. 3, 449 für die gegenteilige Meinung. Siehe auch Monacelli, Formularium Legale Practicum, III, 256. Zum moraltheologischen Hintergrund siehe Connery, Abortion.

260 Jeanne Françoise Caroline Wangen starb am 5. Mai 1813 in Koblenz (Zivilstandsregister). Brief des Stadtarchivs Koblenz vom 15. Dezember 2011.

261 Landeshauptarchiv Koblenz: Best 1 C, Nr. 19646, Protokoll vom 19. Januar.

262 Landeshauptarchiv Koblenz: Best 1 C, Nr. 19646, undatierter Brief der Äbtissin von Boineburg.

263 Landeshauptarchiv Koblenz: Best 1 C, Nr. 19646, undatierter Brief der Franziska von Wangen.

264 Landeshauptarchiv Koblenz: Best 1 C, Nr. 19647.

265 Archiv des Bistums Trier: Abt. 63, 32, Nr. 5, Extrakt aus dem Protokoll, März 1800.

266 Landeshauptarchiv Koblenz 1 C, Nr. 17526, Bericht vom 23. April 1781.

267 Landeshauptarchiv Koblenz 1 C, Nr. 17526, Bericht vom 14. November 1785, Regierung von Koblenz an den Fürstbischof von Trier.

268 Landeshauptarchiv Koblenz 1 C, Nr. 17526, Erklärung des Konvents vom 5. Dezember 1785.

269 Landeshauptarchiv Koblenz 1 C, Nr. 17526: Bericht von Lassaulx an den Erzbischof vom 26. Januar 1786.

270 Landeshauptarchiv Koblenz 1 C, Nr. 17526.

271 Die Akten über Freifrau von Villeneuve sind nicht in dem Akt über Freifrau von Seraing, trotz gegenteiliger Auskunft von Hans von Eicken, „Eine Revision im Kloster Machern", *Monatsschrift für rheinisch-westfälische Geschichtsforschung und Alterthumskunde* 3 (1877): 444–451. Die Informationen über Villeneuve sind Eicks Aufsatz entnommen.

272 Bistumsarchiv Trier: Abt. 63,48 Nr. 1.

273 Henry Charles Lea, *A History of Auricular Confessions in the Latin Church*, Bd. 2 (Philadelphia: Lea Brothers, 1896), 400; Bernardino Benzi, *Dissertatio in casus reservatos Venetae dioeceseos* (Venedig: 1743); Johannes Friedrich, „Beiträge zur Kirchengeschichte des 18. Jahrhunderts. Aus dem handschriftlichen Nachlass des Chorherrn Eusebius Amort", *Abhandlungen der Historischen Classe der Bayerischen Akademie der Wissenschaften* 13/2 (München: Verlag der Akademie, 1877), 1–145, bei 128.

274 Im weltlichen Recht wurde Unzucht in den meisten deutschen Ländern in der zweiten Hälfte des 18. Jahrhunderts entkriminalisiert; vgl. Hull, *Sexuality, State and Civil Society*, 115 n 35.

275 Muchembled, *L'Invention de l'homme moderne*, 154–174; Spierenburg, *Prison Experience*, 17; vgl. Schmidt, *Sühne oder Sanktion?*

276 Pellizario, *Tractatio de Monialibus*, c. 4, q. 3, num. 78, 89.

277 Güntherode, *Die römische Religionskasse*, III, 282.

278 Melfi, *Poenalium*, pt. 1, c. 4, 157.

279 Siehe Antonius a Spiritu Sancto, *Directorium Regularium*, tract. 4, disp. 3, § 5, num. 499, 80.

280 Santoro de Melfi (oder Santorus a Melphio), *Poenalium Districtionum Examen*, pt. 1, c. 8 (de poenis in castitatis violatores sancitis [!]), 345–84. Siehe auch Melfi, *Compendium*, 102 und 108, wo die Verbrechen der Alchemie und des Glücksspiels erwähnt werden.

281 Melfi, *Poenalium*, pt.1, c. 8, 376.

282 Siehe den Fall des Georg Gunzenhäuser von 1626 (Stadtarchiv Stuttgart: Bestand 914, Nr. 328), der zum Feuertod verurteilt, aber dann zum Tod durch das Schwert begnadigt wurde. Die Literatur zur Homosexualität in der frühen Neuzeit ist enorm. Als Einleitung empfehlen sich Puff, „Early Modern Europe, 1400–1700" sowie idem, *Sodomy in Reformation Germany and Switzerland*. Eine wichtige Studie über die soziale Kontrolle der Sexualität und ihre Bestrafung ist Taeger, *Intime Machtverhältnisse*. Taeger widerlegt zentrale Thesen von Foucault (*Sexualität und Wahrheit*), der meinte, im Frankreich des 18. Jahrhunderts hätte es ein breites Interesse daran gegeben, nicht-heterosexuelle, nicht-monogame sexuelle Beziehungen gutzuheißen bzw. nicht mehr juridisch zu verfolgen. Taeger kommt zu einem anderen Schluss: „Die Aufklärung mag der revolutionären Gesetzgebung den Weg bereiten, im Hinblick auf die strafrechtliche Würdigung der Sodomie aber ist ihr Einfluss ebenso wenig revolutionierend wie die permissive Haltung der revolutionären Gesetzgeber angesichts dieser Materie eine wirklich originelle. Nicht die öffentliche Kritik, sondern verunsicherte absolute Monarchen, nicht das revolutionäre Freiheitsversprechen, sondern die politische Klugheit sich etablierender Polizeichefs wirken in Frankreich auf eine Erweiterung individueller Gestaltungsgmöglichkeiten von Intimität hin." Siehe auch Scott, *After the History of Sexuality*.

283 Sinistrari, *Practica criminalis*, I, tit. VI, § 38, 334. Für die unbeschuhten Mercedarier siehe *Constitutiones Sacri et Regalis Ordinis PP. Excalceatorum B. Mariae Virginae de Mercede*, c. 33, 141. Siehe die Konstitutionen der Karmeliten *Constitutiones Fratrum* (1736), c. 6, num. 4, 354. Barbosa, *Summa Apostolicarum decisionum*, collect. 130, 137 zitiert die Konstitution *Omnipotentes* vom 20. März 1623, erlassen durch Papst Gregor XV.: „Carceribus perpetuis seu muro clauditur, qui sortilegiis pactum fecerit cum diabolo & a fide apostataverit, si infirmitas, divortia, aut impotentia generandi secuta fuerit, sive animalibus, fruibus, aut fructibus damnum dederit: sed si mors est secuta, traditur Curiae seculari." Zu den Zisterziensern siehe Paris, *Nomasticon Cisterciense*, 2nda pars, dist. 7 (De causis ordinis et correctione culparum), cap. 8 (De detractoribus), 533: „Qui vero pro huiusmodi vitio carceri sunt mancipati, in eodem sint carcere usque ad terminum vitae suae." Die Strafe für Sodomie unter minderjährigen Mönchen war gering (Passerino, *Regulare Tribunal*, q. 28, num. 27, 402: „In crimine vero sodomiae impubes muliebria passus per vim & metum, si de hoc constet, nulla poena punitur").

284 Holsten und Brockie, *Codex Regularium Monasticorum*, VI, c. XI, 99.

285 Pius V., „Horrendum Illud Scelus (30 August, 1568)", in *Magnum Bullarium Romanum*, II, 287.

286 Archiv der Deutschen Franziskaner, Paderborn: PAB I 307.

287 Antonius a Spiritu Sancto, *Directorium Regularium*, tract. III, disp. 4, sect. 6, num. 69, num. 74, 148.

288 Stadtarchiv Speyer: 1 A404.

289 Landeshauptarchiv Koblenz: Best. 18, 2182, Protokoll vom 6. März 1769.

290 Landeshauptarchiv Koblenz: Best. 18, 2182. Brief vom 7. September 1770.

291 Figulus war im Jahr 1738 zum Priester geweiht worden. Wenn man für die Priesterweihe ein Durchschnittsalter von 25 Jahren annimmt, dann mag Figulus im Jahr 1770 etwa 56 Jahre alt gewesen sein.

292 Archiv des Bistums Trier: Abt. 63.7, Nr. 8, Dekret vom 29. Oktober 1770. Figulus war 1738 zum Priester geweiht worden (Brief des Bistumsarchivs Trier vom 17. Februar 2009).

293 Vgl. Hull, *Sexuality, State and Civil Society*, 148.

294 Max Lehmann, *Preußen und die katholische Kirche seit 1640. Nach den Acten des Geheimen Staatsarchivs* (Leipzig: 1881), 229.

295 Augustin Theiner, *Zustände der katholischen Kirche in Schlesien von 1740–1758*, Bd. 1 (Regensburg: G. Joseph Manz, 1852), 250–251.

296 Brief von Papst Benedikt XIV. an Kardinal Sinzendorf vom 16. Februar 1743 bei Theiner, *Zustände*, Bd. 2, 234–235; Hans-Wolfgang Bergerhausen, *Friedensrecht und Toleranz. Zur Politik des preußischen Staates gegenüber der katholischen Kirche in Schlesien, 1740–1808* (Berlin: Duncker & Humblot, 1999), 78–82.

297 Anonymous, „Gesinnungen eines österreichischen Mönches nach der Aufhebung seines Klosters", 275.

298 Bayerisches Hauptstaatsarchiv München: Bayerische Franziskanerprovinz ad 6, fol. 57.

299 Archiv der Deutschen Franziskaner, Paderborn: PAB 2° PA II 19(3, fol. 326.

300 Archiv der Deutschen Franziskaner, Paderborn: PAB 2° PA II 19(3, fol. 286.

301 Archiv der Deutschen Franziskaner, Paderborn: PAB 2° PA II 19(3, fol. 202.

302 Archiv der Deutschen Franziskaner, Paderborn: PAB 20 PA II 19/4, fol. 113–114. PAB 2= PA II 19/3: Protokoll 1732, fol. 120. Bayerisches Hauptstaatsarchiv München: Bayerische Franziskanerprovinz ad 6, fol. 123.

303 Bayerisches Hauptstaatsarchiv München: Bayerische Franziskanerprovinz ad 6, fol. 123; Archiv der Deutschen Franziskaner, Paderborn: PAB 20 PA II 19/3, fol. 286.

304 Archiv der Deutschen Franziskaner, Paderborn: PAB 2° PA II 19/3, fol. 356.

305 Archiv der Deutschen Franziskaner, Paderborn: PAB 2° PA II 19/4, fol. 14.

306 Anonymus, „Gesinnungen eines österreichischen Mönches nach der Aufhebung seines Klosters", 275.

307 Archiv der Deutschen Franziskaner, Paderborn: PAB 2° PA II 19/3, fol. 75–77.

308 Archiv der Deutschen Franziskaner, Paderborn: PAB 2° PA II 19/1, fol. 75–76; 303.

309 Archiv der Deutschen Franziskaner, Paderborn: PAB 2° PA II 19/1, fol. 297–318.

310 Archiv der deutschen Franziskaner: PAB 2° PA II 19/5, fol. 334.

311 Pellizario, *Tractatio de Monialibus*, c. 5, q. 10, num. 17, 113. Zur Bestrafungspraxis im Mittelalter siehe Fossier, „Propter vitandum"; Vannotti, „Monasterium exivit".

312 Landeshauptarchiv Koblenz: Best 1 C, Nr. 19646, Brief von Boineburg vom 23. Januar 1780 an Erzbischof Clemens Wenzeslaus von Trier.

313 Landeshauptarchiv Koblenz: Best 1 C, Nr. 19646, Brief von Erzbischof Clemens Wenzeslaus an die Abtei Oberwerth vom 25. Januar 1780.

314 Landeshauptarchiv Koblenz: Best 1 C, Nr. 19646, Brief von Lucretia von Münster, undatiert. Vgl. den Fall der Tencin-Geschwister (Pierre und Claudine-Alexandrine), die im Paris der 1720er-Jahre für die Annullierung ihrer Gelübde eintraten (McManners, *Church and Society*, II, 416).

315 Landeshauptarchiv Koblenz: Best 1 C, Nr. 19646, Brief der Lucretia von Münster an einen ungenannten Geheimrat vom 5. September 1783, num. 14.

316 Landeshauptarchiv Koblenz: Best 1 C, Nr. 19646, Brief der Lucretia von Münster vom 22. September 1783.

317 Petz, *Die letzte Hexe*, 120–3; 172–3. Cf. Stadtarchiv Memmingen: A 367/01 und Hauptstaatsarchiv Stuttgart: Prämonstratenserkloster Rot an der Rot, B 487 Bü 10.

318 Spenn, *Lebensbeschreibung Joseph Spenns*.

319 Lehner, *Enlightened Monks*, 47–52 (siehe Gschall und Gordon).

320 Binhack, „Geschichte des Cistercienser-Stiftes Waldsassen", 266–70; idem, „Drei Jahre aus der Geschichte der Abtei Waldsassen, 1792–1795", 262–264. Abdruck des Steckbriefs in *Staats-Relation der neuesten europäischen Nachrichten*, 35. Wochenstück (3 September 1784), 39. Zu seinen Ausbrüchen siehe Bayerisches Hauptstaatsarchiv München: Bayerische Zisterzienserkongregation Nr. 29.

321 Aigner, „Überlegungen zu Herkunft, Leben und sozialer Vernetzung der Aggsbacher Kartäuser", 22; 25.

322 Haus-, Hof- und Staatsarchiv Wien: MEA K 20.

323 Zur Flucht des Erfurter Kartäusers Nikolaus Listermann (d. 1786) siehe Mangei, „Klosterhaft und Klosterregel", 61; Simmert, *Die Geschichte der Kartause zu Mainz*, 63–64.

324 Staatsarchiv Würzburg: Geistliche Sachen 302/32, Propst Augustinus an den Bischof von Würzburg am 22. Mai 1748. Vgl. Walter, „Benedikt Geisler. Ein fränkischer Klosterkomponist", 168–193.

325 Staatsarchiv Würzburg: Geistliche Sachen 302/32, Propst Augustinus an den Bischof von Würzburg vom 22. Mai 1748.

326 Staatsarchiv Würzburg: Geistliche Sachen 302/32. Zu Zobel siehe Alfred Wendehorst, *Die Benediktinerabtei und das adelige Säkularkanonikerstift St. Burkard in Würzburg: Germania Sacra NF 40*, 249.

327 Staatsarchiv Würzburg: Geistliche Sachen 302/32, Dekret des Rates für kirchliche Angelegenheiten vom 24. März 1748.

328 Staatsarchiv Würzburg: Geistliche Sachen 302/32, Propst Augustinus an den Bischof von Würzburg vom 10. Juni 1748: „Si quis omnino incorrigibilis fuerit, et saepe correctus emendare se noluerit, aut sine gravi scandalo totius conventus tolerari non possit, talis, ne contagione pestifera alios perdat, perpetuo incarceretur." Vgl. Eusebius Amort, *Vetus Disciplina Canonicorum Regularium & Saecularium*, II, 624.

329 Staatsarchiv Würzburg: Geistliche Sachen 302/32, idem.

330 Alfons Huber, *Historia Collegii Straubingani, Aufzeichnungen des Straubinger Jeusitenkollegs, IV. Teil (1738–1753). Beilage zum Jahresbericht des Johannes-Turmair-Gymnasiums* (Straubing: Attenkofer, 1993), 11–12.

331 Bayerisches Hauptstaatsarchiv München: Bayer. Benediktinerkongregation R.48 4/6.

332 Schultz, Bernhard Joseph von, *Unparteyische Abschilderung des Benedictinerordens* (Bremen: 1776)

333 Vgl. Fossier, „Propter vitandum scandalum".

Bibliografie

I. Archivalische Quellen

Österreich

Haus-, Hof-und Staatsarchiv Wien
  MEA 72b
  MEA K 20
Allgemeines Verwaltungsarchiv Wien
  Bestand Alter Kultus, kath. Kirche 619, Sign. 63
Archiv der Erzdiözese Salzburg
  Alt 21/3

Deutschland

Archiv der Deutschen Franziskaner
  Ehemalige Bayerische Provinz:
  PAB 2° PA II 19/1–5.
  PAB I 307.
  PAB 02/4–105.
  Ehemalige Sächsische Provinz:
  Saxonia Ia und Ib.
Bistumsarchiv Trier
  Abt. 63, 48 Nr. 1
Bischöfliches Zentralarchiv Regensburg
  Kartause Prüll, KL 31a Nr. 8
Bayerisches Hauptstaatsarchiv München
  Bayerische Benediktinerkongregation, Rubrik 48 Benediktbeuern, Nr. 6.
  Kurbaiern Geistlicher Rat, Aufsicht über die Klöster, vorl. Sign. Schaeftlarn 24

Bayerische Zisterzienserkongregation Nr. 29.

Bayerisches Hauptstaatsarchiv München: Jesuitica, 291–364.

Kurbayern, Geistlicher Rat, Aufsicht über die Klöster, vorl. Signatur Niederaltaich 42.

Bayerisches Hauptstaatsarchiv München: Bayerische Franziskanerprovinz ad 6.

Stadtarchiv Speyer

1 A404.

Diözesanarchiv Rottenburg

A I 2 c, Nr. 144, 145 and 146

Stadtarchiv Stuttgart

Bestand 914, Nr. 328

Hessisches Staatsarchiv Darmstadt

Bestand E 5 B, Nr. 2334

Hauptstaatsarchiv Stuttgart

B 40 Bü 478

B 38 I Bü 1144 und 1445

Prämonstratenserkloster Rot an der Rot, B 487 Bü 10.

Stadtarchiv Memmingen

A 367/01

Staatsarchiv Würzburg

Geistliche Sachen 302/32

Archiv des Bistums Trier

Abt. 63.7, Nr. 8

Abt. 63, 32, Nr. 5

Landeshauptarchiv Koblenz

Best. 18, 2182

Best. 1 C, Nr. 19646

Best. 1 C, Nr. 19647

Best. 1 C, Nr. 17526

Staatsarchiv Würzburg
  HV Ms. f. 205
Landesarchiv Nordrhein-Westfalen-Hauptstaatsarchiv Düsseldorf
  Kurköln VIII, 795

Polen
Archiwum Państwowe we Wrocławiu/Breslau, Poland
  Rep. 67 sygn. 3466b

II. Gedruckte Quellen

Alexandris, Cajetan de. *Confessarius Monialium commoda, brevi & practica methodo instructus.* Köln: 1728.

Amort, Eusebius. *Vetus Disciplina Canonicorum Regularium et Saecularium.* Bd. 2. Venedig: 1747.

Anonymus. „Beleuchtung der vorgeblichen Bestättigung der Geschichte des Pater Anians im Journal von und für Franken". *Kritik über gewisse Kritiker, Rezensenten und Broschürenmacher* 6, no. 22/23 (1792) 209–222.

– „Gesinnungen eines österreichischen Mönches nach der Aufhebung seines Klosters". *Der deutsche Zuschauer,* hg. von Peter Adolph Winkopp, 1 (1785) 263–278.

– „Widerlegung der Fabel von P. Anian". *Kritik über gewisse Kritiker, Rezensenten und Broschürenmacher* 5 (1791) 267–72.

– „Neuester Versuch, die Inquisition im Neapolitanischen einzuführen". *Le Bret's Magazin zum Gebrauch der Staaten- und Kirchengeschichte* 3 (1773) 160–195.

– *Magdalena Paumann oder die eingekerkerte Nonne im Angerkloster zu München.* München: 1870.

- „Trauriges Schicksal des P. Anianus, weiland gewesenen Lectors der Philosophie und Theologie im Capucinerkloster zu Bamberg". *Journal von und für Franken* 2 (1791) 177–184.

Antonius a Spiritu Sancto, O.C.D. *Directorium Regularium. Pars prima, quae est de privilegiis regularium.* Lyon: 1661.

Annales Ordinis Cartusienis. Bd. 1. Correriae: 1687.

Barbosa, Augustinus. *Summa Apostolicarum decisionum extra jus commune vagantium.* Lyon: 1645.

Becker, Ferdinand. *Geschichte meiner Gefangenschaft im Franziskanerkloster zu Paderborn: Ein Beitrag zur Sitten- und Aufklärungsgeschichte des Hochstifts Paderborn.* Rudolstadt: 1799.

Born, Ignaz von. *Monachologie nach linnäischer Methode.* Frankfurt und Leipzig: 1802.

Calmet, Augustin. *Commentarius litteralis historico-moralis in regulam S.P. Benedicti.* Bd. 1. Linz: 1750.

Codex Redactus Legum Fratrum Minorum in synopsim cum indice copioso. Rom: 1796.

Constitutiones et Extravagantes Ordinis Monachorum S. Hieronymi. Rom: 1730.

Constitutiones Religionis Clericorum Regularium Pauperum Matris Dei Scholarum Piarum. Rom: 1782.

Constitutiones Fratrum Coelestinorum Proviniciae Franco-Gallicanae. Paris: 1670.

Constitutiones Fratrum Discalceatorum Beatis Virginis Mariae de Monte Carmelo Congregationis Hispaniae (1736). Madrid: 1737.

Constitutiones Fratrum Discalceatorum Beatissimae Virginis Mariae de Monte Carmelo Primitivae Observantiae Congregationis Hispaniae. Madrid: 1787.

Constitutiones Sacri et Regalis Ordinis PP. Excalceatorum B. Mariae Virginae de Mercede, Redemptionis Captivorum. Madrid: 1755.

Constitutiones Societatis Jesu Anno 1558. London: 1838.

Constitutiones Urbanae Ordinis Fratrum Minorum S. Francisci Conventualium. Venice: 1757.

Der Criminalprocess der Franciscaner. Straßburg: 1769.

Eisenschmid, Leonhard Martin. *Römisches Bullarium, oder Auszüge der merkwürdigsten päpstlichen Bullen: aus authentischen Quellen, durch alle Jahrhundert bis auf die neueste Zeit*. 2 Bde. Neustadt: 1831.

Fagnani, Prospero. *Commentaria in secundam partem quinti libri*. Rom: 1661.

Fessler, Ignaz Aurelius. *Rückblicke auf seine siebzigjaehrige Pilgerschaft*. Breslau: 1824.

Geismar, Martin von. *Die politische Literatur der Deutschen im 18. Jahrhundert*. Bd. 2. Leipzig: 1819.

Güntherode, Karl von. *Das römische Gesetzbuch*. N.p., 1787.

– *Die römische Religionskasse: ein Anhang zum Römischen Gesetzbuch, oder die in Teutschland noch zu wenig bekannten Grundsätze des römischen Hofes aus Päpstlichen Bullen gezogen*. 3 Bde. Karlsruhe: 1787–1788.

Habsheim, Bonagratia von. *Summula selectarum questionum regularium quas in specialem usum FF. Capucinorum*. Köln: 1667.

Hasse, Johann Friedrich [Linus]. *Klosterzwang und Klosterflucht, oder Leben und Begebenheiten des gewesenen Kapuziner-Mönchs Johann Friedrich Hasse*. Deutschland: 1805.

Held, Willebold. *Jurisprudentia universalis ex juribus canonico, civilo Romano, et Germanico ... Liber V: De judiciis causarum criminalium*. Memmingen: 1773.

Holsten, Lucas, und Brockie, Marianus, eds. *Codex Regularum Monasticorum et Canonicarum*. 5 Vols. Augsburg: 1758–1759.

Howard, John. *The State of the Prisons in England and Wales.* Warrington: 1777.

Katzenberger, Kilian, O.F.M. Reg. *Liber Vitae seu compendiosa expositio litteralis in Sacram Regulam S. P. Francisci Seraphici.* Augsburg: 1761.

Kerckhove, Gaudentius van der. *Methodus corrigendi Regulares.* Brügge: 1701.

Kutschenpeitscher, Ignaz Loyola [auch bekannt als Ignaz von Born]. *Neueste Naturgeschichte des Mönchthums.* N.p., 1783. 1802 Nachdruck veröffentlicht unter dem Titel *Monachologie.* Frankfurt und Leipzig: 1802.

Lipowsky, Felix Joseph. *Gemälde aus dem Nonnenleben.* München: 1808.

Mabillon, Jean. „Réflexions sur les prisons des ordres religieux". In idem, *Ouvrages Posthumes*, Bd. 2, 321–335. Paris: 1724.

Magnum Bullarium Romanum a Beato Leone Magno usque ad S.N.D. Benedictum XIV. Hg. von Laertius Cherubini. Bde. 2–3. Luxemburg: 1742.

Magnum Bullarium Romanum seu eiusdem continuatio: Complectens Constitutiones a Clemente X. & Innocentio XI. Bd. 11. Luxemburg: 1739.

Melfi, Santoro da [oder Santorus a Melphio]. *Compendium in libros poenalium atque Commentariorum super statua generalia totius Ordinis seraphici.* Rom: 1686.

– *Poenalium Districtionum Examen, quibus regulares punitivam justitiam administrant.* Rom: 1649.

Monacelli, Francisco. *Formularium Legale Practicum Fori Ecclesiastici.* Bd. 3. Venedig: 1751.

Oehninger, Mansueto. *Wölfe in Schaf-Kleidern.* Leipzig: 1775.

Paris, Julianus. *Nomasticon Cisterciense seu antiquiores Ordinis Cisterciensis constitutiones.* Paris: 1664.

Passerino, Petro Maria, O.P. *Regulare Tribunal seu Praxis Formandi Processus nedum in foro Regularium sed etiam Secularium*. Rom: 1677.

Pellizario, Francisco. *Tractatio de Monialibus* [1646]. Rom: 1755.

Pilati, Leopold. *Origines Juris Pontificii Ad Carolum Sextum*. Trient: 1739.

Pirhing, Ernrico [sic!]. *Jus canonicum in V libros Decretalium distributum Bd. 5* [1677]. Dillingen: 1722.

Pius V. „Horrendum illud scelus (30. August, 1568)". In *Magnum Bullarium Romanum a Beato Leone Magne usque ad S.D.N. Benedictum XIV.: Editio Novissima*, hg. von Laertius Cherubini, Bd. 2, 287. Luxemburg: 1752.

Reiffenstuel, Anaclet. *Jus canonicum universum: clara methodo iuxta titulos quinque librorum decretalium in quaestiones distributum, solidisque responsionibus & objectionum solutionibus dilucidatum* [1714]. Bd. 5. Venedig: 1735.

Regel und Constitutionen deren Geistlichen der Congregation Unser Frauen von dem Ehrwürdigen Diener Gottes Petro Forerrio. Eichstätt: 1721.

Regula et Constitutiones Clericorum regularium ministrantium infirmis. Rom: 1727.

Regula et Constitutiones Fratrum Poenitentium Tertii Ordinis Sc. Francisi Congregationis Gallicanae Strictae Observantiae. Paris: 1773.

Regula Primitiva et Constitutiones Fratrum Discalceatorum Congregationis Hispaniae Ordinis Sanctissimae Trinitatis Redemptionis Captivorum. Madrid: 1787.

Regula S. P. Benedicti et Constitutiones Congregationis S. Mauri. Paris: 1770.

Regula S. P. Benedicti et Constitutiones Congregationis SS. Vitoni et Hydulphi. Paris: 1774.

Romanus, Franz Wilhelm und Brummer, Wilhelm Ludwig. *Dissertatio juridica ... de perrara poena ad triremes in illis constitutionibus.* Leipzig: 1730.

Sambuca, Michael. *Constitutiones et statuta generalia cismontanae familiae Ordinis Sancti Francisci de Observantia ex decretis Capituli Generalis Romani anni 1639 & Toletani Anni 1658 compilata.* Venedig: 1718.

Sanchez, Thomas. *Consilia seu Opuscula Moralia: Opus Posthumum. Editio Ultima a Mendis Expurgata.* Bd. 2. Lyon: 1681.

Schickard, Wilhelm. *Jus Regium Hebrorum e tenebris Rabbinicis erutum et luci donatum.* Argentinae: 1625.

Simon, Jordan. *Institutiones Canonicae sive corollaria ex universo jure historico ecclesiastico.* Erfurt: 1770.

Sinistrari, Ludovicus. *Formularium Criminale.* Rom: 1754.

– *Practica Criminalis Illustrata hoc est commentarii perpetui, et absolute in practicam criminalem Fratrum Minorum.* 2 Bde. Rom: 1693.

– *De delictis, et poenis tractatus absolutissimus.* Rom: 1754.

Sgroi, Didacus. *Lux Praelatorum praesertim regularium, necnon etiam curiae saecularis foro criminali tum theorica, tum practica accensa.* Venedig: 1673.

Sonnenfels, Joseph von. *Grundsätze der Polizey, Handlung und Finanzwissenschaft.* Bd. 1, 3. Aufl. Wien: 1770.

Spenn, Joseph. *Lebensbeschreibung Joseph Spenns, ehemaligen Katholiken und Augustinermönchs.* Magdeburg: 1805.

Statuta Generalia Cismontanae Familiae Ordinis Fratrum Minorum Sancti Francisci Reformatorum in capitulo generali Anno 1639. Prag: 1677.

Statuta Provincialia Fratrum Minorum Recollectorum Provinciae Comitatus Flandriae S. Josephi [1718]. Brügge: 1719.

Stromberg, Christian von. *Denkwürdiger und nützlicher Antiquarius ... Mittelrhein.* Bd. II/1. Koblenz: 1851.

Weber, Karl Julius. *Die Möncherey.* 4 Bde. Stuttgart: 1818–1820.

III. Sekundärliteratur

Aigner, Thomas. „Überlegungen zu Herkunft, Leben und sozialer Vernetzung der Aggsbacher Kartäuser". In *Die Reichskartause Buxheim 1402–2002,* hg. von James Hogg, et al., 2:13–30. Salzburg: Analecta Cartusiana, 2004.

Alfieri, Fernanda. *Nella camera degli sposi: Tomás Sánchez, il matrimonio, la sessualità (secoli XVI–XVII).* Bologna: Soc. Ed. Il Mulino, 2010.

Ammerer, Gerhard, ed. *Orte der Verwahrung. Die innere Organisation von Gefängnissen, Hospitälern und Klöstern seit dem Spätmittelalter.* Leipzig: Leipziger Univ.-Verlag, 2010.

Bamford, Paul. *Fighting Ships and Prisons: The Mediterranean Galleys of France in the Age of Louis XIV.* Minneapolis: University of Minnesota Press, 1973.

Bedouelle, Guy. *The Reform of Catholicism, 1480–1620.* Toronto: Pontifical Institute of Mediaeval Studies, 2008.

Beales, Derek. *Prosperity and Plunder: European Catholic Monasteries in the Age of Revolution, 1650–1815.* Cambridge: Cambridge University Press, 2003.

– *Joseph II: Against the World.* Cambridge: Cambridge University Press, 2010.

Beattie, J. M. „Scales of Justice: Defense Counsel and the English Criminal Trial in the Eighteenth and Nineteenth Centuries". *Law and History Review* 9 (1991) 221–267.

Binhack, Franz. „Drei Jahre aus der Geschichte der Abtei Waldsassen, 1792–1795". *Cistercienser-Chronik* 12 (1900) 257–264.

– „Geschichte des Cistercienser-Stiftes Waldsassen in den Jahren 1798 und 1799 (II)". *Cistercienser-Chronik* 11 (1899) 266–270.

Boguth, Walter. „Die Aufhebung der Kartause Mauerbach". *Jahrbuch für Landeskunde von Niederösterreich* 1 (1902) 297–312.

Cassidy-Welch, Megan. *Imprisonment in the Medieval Religious Imagination, c. 1150–1400.* Houndmills: Palgrave Macmillan, 2011.

– „Incarceration and liberation: prisons in the Cistercian Monasteries". *Viator* 32 (2001) 23–42.

Castan, Nicole, und André Zysberg, eds. *Histoire des galères, bagnes et prisons de France de l'Ancien Régime.* Toulouse: Privat, 2002.

Cattaneo, Mario. *Aufklärung und Strafrecht. Beiträge zur deutschen Strafrechtsphilosophie des 18. Jahrhunderts.* Berlin: Nomos, 1998.

Chadwick, Owen. *The Popes and European Revolution.* Oxford: Oxford University Press, 1981.

Chatellier, Louis. *The Europe of the Devout: The Catholic Reformation and the Formation of a New Society.* Cambridge: Cambridge University Press, 1989.

– *The Religion of the Poor: Rural Missions in Europe and the Formation of Modern Catholicism, c. 1500–c. 1880.* Cambridge: Cambridge University Press, 1993.

Chevallier, Pierre. *Lomenie de Brienne et l'ordre monastique, 1766–1789.* Bd. 1. Paris: Librairie philosophique J. Vrin, 1958.

Clark, Anthony E. *China's Saints. Catholic Martyrdom during the Qing, 1644–1911.* Bethlehem, PA: Lehigh University Press, 2011.

Connery, John R. Abortion. *The Development of the Roman Catholic Perspective*. Chicago: Loyola University Press, 1977.

Danz, Wilhelm August F. *Grundsätze der summarischen Prozesse*. Hg. von Nikolaus T. Gönner. 3. Aufl. Stuttgart: 1806.

Decker, Rainer. *Witchcraft and the Papacy: An Account Drawing on the Formerly Secret Records of the Roman Inquisition*. Translated by Erik Midelfort. Charlottesville, VA: University of Virginia Press, 2008.

Dülmen, Richard van. *Theater des Schreckens. Gerichtspraxis und Strafrituale in der frühen Neuzeit*. 4. Aufl. München: C.H. Beck, 1995.

Egan, Keith. „John of the Cross". In *Biographical Dictionary of Christian Theologians*. Hg. von Patrick W. Carey, 282–283. Westport, CT: Greenwood Press, 2000.

Evans, Robert. *The Fabrication of Virtue: English Prison Architecture, 1750–1840*. Cambridge: Cambridge University Press, 1982.

Finzsch, Norbert, und Robert Jütte, eds. *Institutions of Confinement. Hospitals, Asylums, and Prisons in Western Europe and North America, 1500–1950*. Cambridge: Cambridge University Press, 1996.

Foucault, Michel. *Sexualität und Wahrheit. 3 Bde*. Frankfurt/M.: Suhrkamp, 1983–1986.

– *Überwachen und Strafen. Die Geburt des Gefängnisses* [Surveiller et punir]. Frankfurt/M.: Suhrkamp, 1976, 295–329.

– *Wahnsinn und Gesellschaft. Eine Geschichte des Wahns im Zeitalter der Vernunft*. Frankfurt a. M.: Suhrkamp, 2010.

Fossier, Arnaud. „La pénitencerie pontificale en Avignon (XIVe s.) ou la justice des âmes comme style de gouvernement". In *Les justices d'Église dans le Midi (XIe–XVe siècle)*, 199–239. Toulouse: Cahiers de Fanjeaux, 2007.

– „Propter vitandum scandalum. Histoire d'une catégorie juridique (XIIe–XVe siècles)". In *Mélanges de l'Ecole française de Rom, Moyen Âge*, 121/2 (2009) 317–48.

Frauenstädt, P. „Zur Galeerenstrafe in Deutschland". *Zeitschrift für die gesamte Strafrechtswissenschaft* 16 (1896) 518–546.

Friedrich, Markus. *Der lange Arm Roms. Globale Verwaltung und Kommunikation im Jesuitenorden, 1540–1773*. Frankfurt/M.: Campus, 2011.

Garner, Bryan, ed. *Black's Law Dictionary*. 7th ed. St. Paul, MN: West Group, 1999.

Geltner, Guy. *The Medieval Prison: A Social History*. Princeton: Princeton University Press, 2008.

Gray, Robert. *Lineations*. Todmorden: Arc, 1998.

Grell, Ole Peter, Andrew Cunningham, und Bernd Roeck, eds. *Health Care and Poor Relief in 18th and 19th Century Southern Europe*. Aldershot: Ashgate, 2005.

Hartmann, Wilfried. *Kirche und Kirchenrecht um 900: Die Bedeutung der spätkarolingischen Zeit für Tradition und Innovation im kirchlichen Recht*. Hannover: Hahnsche Buchhandlung, 2008.

Hemmerle, Josef. *Die Benediktinerabtei Benediktbeuern. Germania Sacra NF 29*. Berlin und New York: de Gruyter, 1991.

Heufelder, Emmanuel Maria. „Strenge und Milde. Die Strafkapitel der Benediktinerregel". *Benediktinische Monatsschrift* 28 (1952) 6–18.

Hurel, Daniel-Odon. „La prison et la charité. Les enjeux contradictoires de l'enfermement pour faute grave dans l'Ordre de Saint-Benoît à l'époque moderne". In *Enfermements: le cloître et la prison (VIe–XVIIIe siècle): Actes du colloque international organisé par le Centre d'études et de recherche en histoire culturelle*. Hg. von Isabelle Heullant-Donat, et al., 119–133. Paris: Publications de la Sorbonne, 2011.

Hofmeister, Philipp. „Vom Strafverfahren bei den Ordensleuten". *Archiv für katholisches Kirchenrecht* 124 (1950) 24–78.

Heullant-Donat, Isabelle, et al., eds. *Enfermements: le cloître et la prison (VIe–XVIIIe siècle): Actes du colloque international organisé par le Centre d'études et de recherche en histoire culturelle.* Paris: Publications de la Sorbonne, 2011.

Hull, Isabell. *Sexuality, State and Civil Society, 1700–1815.* Ithaca, NY: Cornell University Press, 1996.

Jäger, Hans-Wolf. „Mönchskritik und Klostersatire in der deutschen Spätaufklärung". In *Katholische Aufklärung – Aufklärung im katholischen Deutschland.* Hg. von Harm Klueting, 192–207. Hamburg: Meiner, 1993.

Jerouschek, Günther. „Die Herausbildung des peinlichen Inquisitionsprozesses im Spätmittelalter und in der frühen Neuzeit". *Zeitschrift für die gesamte Strafrechtswissenschaft* 104 (1992) 328–360.

– „Jenseits von Gut und Böse. Das Geständnis und seine Bedeutung im Strafrecht". *Zeitschrift für die gesamte Strafrechtswissenschaft* 102 (1990) 793–819.

Jütte, Robert. „Syphilis and Confinement: Hospitals in Early Modern Germany". In *Institutions of Confinement*, hg. von Norbert Finzsch and Robert Jütte, 97–115. Cambridge: Cambridge University Press, 1996.

Kéry, Lotte. *Gottesfurcht und irdische Strafe: Der Beitrag des mittelalterlichen Kirchenrechts zur Entstehung des öffentlichen Strafrechts.* Köln: Böhlau, 2006.

Kober, Franz Quirin von. „Die Gefängnisstrafe gegen Cleriker und Mönche". *Theologische Quartalschrift* 59 (1877) 3–74; 551–635.

– „Die körperliche Züchtigung als kirchliches Strafmittel gegen Kleriker und Mönche". *Theologische Quartalschrift* 57 (1875) 3–78.

Koch, Arnd. *Denunciatio: Zur Geschichte eines strafprozessualen Rechtsinstituts.* Frankfurt/M.: Klostermann, 2006.

Kwiatkowski, Ernst von. *Die Constitutio Criminalis Theresiana.* Innsbruck: Wagner, 1904.

Krauss, Karl F. A. *Im Kerker vor und nach Christus: Schatten und Licht aus dem profanen und kirchlichen Cultur- und Rechtsleben vergangener Zeiten.* Freiburg i.B.: Mohr, 1895.

Landau, Peter. „Das Weihehindernis der Illegitimität in der Geschichte". In *Illegitimität im Spätmittelalter*, hg. von Ludwig Schmugge, 41–53. Munich: Oldenbourg, 1994.

Langbein, John H. *Prosecuting Crime in the Renaissance: England, Germany, France.* Cambridge, MS: Harvard University Press, 1974.

– „The Prosecutorial Origins of Defence Counsel in the Eighteenth Century: The Appearance of Solicitors". *Cambridge Law Journal* 58 (1999) 314–365.

– *Torture and the Law of Proof: Europe and England in the Ancien Regime.* Chicago: University of Chicago Press, 1977.

Leclerq, Jean. *Libérez les prisonniers: Du bon larron à Jean XXIII.* Paris: Cerf, 1976.

Lehner, Ulrich L. *Enlightened Monks: The German Benedictines 1740–1803.* Oxford: Oxford University Press, 2011.

Lesaulnier, Jean. *Port-Royal et la prison.* Paris: Nolin, 2011.

Logan, Donald. *Runaway Religious in Medieval England, c. 1240–1540.* Cambridge: Cambridge University Press, 1996.

Lusset, Élisabeth. „Entre les murs. L'enfermement punitif des religieux criminels au sein du cloître (XII–XV s.)". In *Enfermements. Le cloître et la prison (VI-XVIII s.)*, hg. von Isabelle Heullant-Donat, et al., 153–168. Paris: Publications de la Sorbonne, 2011.

– „Propriae salutis immemores? Réflexions sur la correction des moniales criminelles en Occident, XIIIe–XVe s.". In *Figures de femmes criminelles: De l'Antiquité à nos jours*, hg. von L. Cadiet, et al., 255–265. Paris: Publications de la Sorbonne, 2010.

Maasburg, Friedrich von. *Die Galeerenstrafe in den deutschen und böhmischen Erbländern Oesterreichs*. Wien: 1885.

Maass, Ferdinand. *Der Josephinismus: Quellen zu seiner Geschichte in Österreich*. Bd. 3. Wien: Herold, 1956.

Mangei, Johannes. „Klosterhaft und Klosterregel – Außenseiter in monastischen Gemeinschaften". In *Exil, Fremdheit und Ausgrenzung in Mittelalter und früher Neuzeit*, hg. von Andreas Bihrer, 61–71. Würzburg: Ergon, 2000.

Marmursztejn, Elsa, „Issues obligatoires: Clôture et incarcération dans la pensée scolastique des XIIIe–XIVe siècles". In *Enfermements: le cloître et la prison (VIe–XVIIIe siècle): Actes du colloque international organisé par le Centre d'études et de recherche en histoire culturelle*, herausgegeben von Isabelle Heullany-Donat, et al., 71–88. Paris: Publications de la Sorbonne, 2011

May, Georg. *Das Priesterhaus in Marienborn*. Mainz: Publikationen des Bistums Mainz, 2005.

McManners, John. *Church and Society in Eighteenth-Century France*. 2 Bde. Oxford: Oxford University Press, 1999.

Meyer, Frédéric. „Religiosi fuorillegge: i Regolari di fronte alla Giustizia in Savoia nel secolo XVIII." In *Quaderni Storici. Nuova Serie* 119 (2005) 519–553.

Mikoletzky, Lorenz. „Klosterkerker – Korrektionshäuser. Aus den Materialien der Geistlichen Hofkommission und der Vereinigten Hofkanzlei". In *Ecclesia Peregrinans. Josef Lenzenweger zum 70. Geburtstag*, herausgegeben von Karl Amon, 257–263. Wien: Verband der Wissenschaftlichen Gesellschaften Österreichs, 1986.

Muchembled, Robert. *L'Invention de l'homme moderne: sensibilités, moeurs et comportements collectifs sous l'Ancien régime*. Paris: Fayard, 1988.

Müller, Daniela. „Der Einfluss der Kirche". In *Die Durchsetzung des öffentlichen Strafanspruchs: Konflikt, Verbrechen und Sanktion in der Gesellschaft Alteuropas 6*, herausgegeben von Klaus Lüderssen, 69–94. Köln und Wien: Böhlau, 2002.

O'Leary, Charles Gerard. *Religious Dismissed After Perpetual Profession: An Historical Conspectus and Commentary*. Washington: Catholic University of America Press, 1943.

Petz, Wolfgang. *Die letzte Hexe: Das Schicksal der Anna Maria Schwäglin*. Frankfurt/M. und New York: Campus, 2007.

Plath, Christian. „Ein Beispiel klösterlicher Jurisdiktion im 18. Jahrhundert: Der Fall des Franziskanerpaters Wendelin Heun". *Zeitschrift für die Geschichte des Oberrheins* 154 (2006) 271–282.

Porter, Roy. *Madness: A History*. Oxford: Oxford University Press, 2002.

Puff, Helmut. „Early Modern Europe, 1400–1700". In *Gay Life and Culture*, herausgegeben von Robert Aldrich, 78–101. New York: Universe, 2006.

– *Sodomy in Reformation Germany and Switzerland, 1400–1600*. Chicago: The University of Chicago Press, 2003.

Pugh, Ralph. *Imprisonment in Medieval England*. Cambridge: Cambridge University Press, 1968.

Rapley, Elizabeth. *A Social History of the Cloister: Daily Life in the Teaching Monasteries of the Old Regime*. Montreal and Ithaca: McGill-Queen's Univ. Press, 2001.

Renner, Michael. „Jugend- und Studienzeit der Brüder Adam Friedrich und Josef Franz von Seinsheim". *Würzburger Diözesangeschichtsblätter* 49 (1987) 185–300.

Riesner, Albert. *Apostates and Fugitives from Religious Institutes: An Historical Conspectus and Commentary.* Washington, 1942.

Ruff, Julius R. *Violence in Early Modern Europe.* Cambridge: Cambridge University Press, 2001.

Rother, Wolfgang. „Zwischen Utilitarismus und Kontraktualismus. Beccarias Kritik an der Todesstrafe im philosophischen Kontext". In *Gegen Folter und Todesstrafe. Aufklärerischer Diskurs und europäische Literatur vom 18. Jahrhundert bis zur Gegenwart,* herausgegeben von Helmut C. Jacobs, 185–202. Frankfurt/M.: P. Lang, 2007.

Rothschild, Emma. *The Inner Life of Empires: An Eighteenth-Century History.* Princeton: Princeton University Press, 2011.

Rüthing, Heinrich. „Die Wächter Israels: Ein Beitrag zur Geschichte der Visitationen im Kartäuserorden". In *Die Kartäuser: Der Orden der schweigenden Mönche,* herausgegeben von Marijan Zadnikar, 169–183. Cologne: Wienand, 1983.

Scherhak, Elisabeth. *Die Klosterkerker in der österreichischen Monarchie des 18. Jahrhunderts: Studien zu ihrer Situation nach staatlichen und kirchlichen Visitationsberichten.* Vienna: Ph.D. Thesis, 1986.

Sellin, Thorsten. „Jean Mabillon: A Prison Reformer of the Seventeenth Century". *Journal of the American Institute of Criminal Law and Criminology* 17 (1927) 581–607.

Scholz, Franz. „Die Kartause Mauerbach". *Berichte und Mittheilungen des Alterthums-Vereins zu Wien* 35 (1900) 76–105.

Schreiner, Klaus. „Defectus natalium: Geburt aus einem unrechtmäßigen Schoß als Problem klösterlicher Gemeinschaftsbildung". In *Illegitimität im Spätmittelalter,* Schriften des Historischen Kollegs, Kolloquien, 29, herausgegeben von Ludwig Schmugge, et al., 85–114. München: R. Oldenbourg, 1994.

Scott, Spector, Helmut Puff, und Dagmar Herzog, eds. *After the History of Sexuality: German Genealogies with and Beyond Foucault.* New York: Berghahn Books, 2012.

Schmidt, Christine D. *Sühne oder Sanktion? Die öffentliche Kirchenbuße in den Fürstbistümern Münster und Osnabrück während des 17. und 18. Jahrhunderts.* Münster: Aschendorff, 2009.

Schmoeckel, Mathias. *Humanität und Staatsraison: Die Abschaffung der Folter in Europa und die Entwicklung des gemeinsamen Strafprozess- und Beweisrechts seit dem hohen Mittelalter.* Köln et al.: Böhlau, 2000.

Schutte, Anne Jacobson. *By Force and Fear: Taking and Breaking of Monastic Vows in Early Modern Europe.* Ithaca: Cornell University Press, 2011.

Sedatis, L. „Summarischer Prozess". In *Handwörterbuch der Rechtsgeschichte,* 78–80. Berlin: Schmidt, 1998.

Shubin, Daniel H. *Monastery Prisons: The History of Monasteries as Prisons, the Inmates Incarcerated There, Religious Dissenters and Sectarians, Political Activists and Criminals, the Intolerance of Imperial Russia, and the Struggle for Orthodox Supremacy.* N.p.: D. Shubin, 2001.

Simmert, Johannes. *Die Geschichte der Kartause zu Mainz: Beiträge zur Geschichte der Stadt Mainz 16.* Mainz: 1958, 63–64.

Spierenburg, Pieter. „Four Centuries of Prison History: Punishment, Suffering, The Body, and Power". In *Institutions of Confinement: Hospitals, Asylums, and Prisons in Western Europe and North America, 1500–1950,* herausgegeben von Norbert Finzsch und Robert Jütte, 17–37. Cambridge: Cambridge University Press, 1996.

– „From Amsterdam to Auburn. An Explanation for the Rise of the Prison in Seventeenth-Century Holland and Nineteenth-Century America". *Journal of Social History* 20 (1987) 439–461.

– *The Prison Experience: Disciplinary Institutions in Early Modern Europe* [1991]. Amsterdam: Amsterdam University Press, 2007.

Spilker, Reginhard. „Die Bußpraxis in der Regel des hl. Benedikt". *Studien und Mitteilungen zur Geschichte des Benediktinerordens* 57 (1939) 12–38.

Ströbele, Ute. *Zwischen Kloster und Welt: Die Aufhebung südwestdeutscher Frauenklöster unter Kaiser Joseph II.* Wien und Köln: Böhlau, 2005.

Stöhlker, Friedrich. „Die Kartause St. Veith in Prüll im Rahmen der Niederdeutschen Provinz des Kartäuserordens." *Die Kartäuser und das Heilige Römische Reich: Internationaler Kongress vom 9.–11. September 1997*, 1:8–65. Salzburg: Institut für Anglistik und Amerikanistik, 1998.

Struber, Rupert. *Priesterkorrektionsanstalten in der Erzdiözese Salzburg im 18. und 19. Jahrhundert: Die Priesterhäuser von Maria Kirchenthal, St. Johann in Tirol, St. Ulrich am Pillersee und Schernberg.* Frankfurt/M. et al.: Peter Lang, 2004.

Taeger, Angela. *Intime Machtverhältnisse: Moralstrafrecht und administrative Kontrolle der Sexualität im ausgehenden Ancien Regime.* München: Oldenbourg, 1999.

Trusen, Winfried. „Der Inquisitionsprozess. Seine historischen Grundlagen und frühen Formen". *Zeitschrift der Savigny-Stiftung für Rechtsgeschichte. Kanonistische Abteilung* 74 (1988) 168–230.

Treiber, Hubert und Steinert, Heinz. *Die Fabrikation des zuverlässigen Menschen. Über die „Wahlverwandtschaft" von Kloster- und Fabrikdisziplin.* 2. Aufl. Münster: Westfälisches Dampfboot, 1980; 2005.

Vanja, Christine. „Madhouses, Children's Wards, and Clinics: The Development of Insane Asylums in Germany". In *Institutions of Confinement: Hospitals, Asylums, and Prisons in Western Europe and North America, 1500–1950*, herausgegeben von Norbert Finzsch and Robert Jütte, 117–132. Cambridge: Cambridge University Press, 1996.

Vannotti, Barbara. „Monasterium exivit, et ad seculum est reversa ...: die Flucht der Schenkin von Erbach aus der Fraumünsterabtei in Zürich". In *Strenarum Lanx. Beiträge zur Philologie des Mittelalters und der Frühen Neuzeit: Festschrift Peter Stotz*, herausgegeben von Martin H. Graf and Christian Moser, 187–207. Zürich: Achius, 2003.

– „Von der entlaufenen Nonne zur Schlossherrin: Magdalena Payer von Hagenwil: Zum Schicksal von Apostatinnen im Spätmittelalter". *Schriften des Vereins für die Geschichte des Bodensees und seiner Umgebung* 124 (2006) 93–110.

Vigorelli, Giancarlo, et al., eds. *Vita e processo di suor Virginia Maria de Leyva, monaca di Monza*. Mailand: Garzanti, 1985.

Walter, Rudolf. „Benedikt Geisler: Ein fränkischer Klosterkomponist des 18. Jahrhunderts". *Mainfränkisches Jahrbuch* 42 (1990) 168–193.

Weikl, Katharina. „Der Mensch will seinesgleichen haben. Katholische Aufklärung im Umgang mit Teufelserscheinungen und anderen Formen von Abweichung". *Würzburger medizinhistorische Mitteilungen* 26 (2007) 6–27.

Wendehorst, Alfred. *Die Benediktinerabtei und das adelige Säkularkanonikerstift St. Burkard in Würzburg: Germania Sacra NF 40*. Berlin et al.: De Gruyter, 2001.

Wiedemann, Theodor. „Die Klosterkerker in der Erzdiözese Wien". *Österreichische Vierteljahresschrift für katholische Theologie* 10 (1871) 413–442.

topos taschenbücher

Ebenfalls bei Topos erschienen

Johann Baptist Metz
Zeit der Orden?
Zur Mystik und Politik der Nachfolge

91 Seiten

Band 886
ISBN 978-3-8367-0886-9

www.topos-taschenbuecher.de

topos taschenbücher

Ebenfalls bei Topos erschienen

Josef Imbach

Die geheimnisvolle Welt der Klöster

Was Mönche und Nonnen zum Rückzug aus der Welt bewegt

256 Seiten

Band 0006
ISBN 978-3-8367-0006-1

www.topos-taschenbuecher.de